KOCHEN MIT WURZELGEMÜSE

MARIANNA BUSER

KOCHEN MIT WURZEL-GEMÜSE

MIDENA

Die Deutsche Bibliothek – CIP-Einheitsaufnahme

Buser, Marianna:
Kochen mit Wurzelgemüse / Marianna Buser. -
Küttigen/Aarau : Midena-Verl. ; Augsburg : Weltbild-Verl., 1997
ISBN 3-310-00300-0

Alleinvertrieb für Deutschland:
WELTBILD VERLAG GmbH
Steinerne Furt 68-70, 86167 Augsburg

Gestaltung Umschlag: Dora Hirter Birrwil
Konzeption und Gestaltung Inhalt: Ursula Mötteli,
Grafikdesign, Aarau
Bilder: Otto Kurmann und Maja Urech, Suhr
Satz: Kneuss Satz AG, Lenzburg
Lithos: Neue Schwitter AG, Allschwil
Druck und Bindung: Neue Stalling, Oldenburg

Printed in Germany

ISBN 3-310-00300-0

INHALT

Verwendete Abkürzungen

EL = gestrichener Esslöffel
TL = gestrichener Teelöffel
ml = Milliliter
dl = Deziliter

Wo nicht anders vermerkt, sind die Rezepte für 4 Personen berechnet.

VORWORT

Anfang August liegt er schon in der Luft, der nahende Herbst. Die ersten Blätter verfärben sich, der Wind weht und die Ackerfrüchte reifen heran.

Die letzten einheimischen Tomaten und Auberginen werden auf dem Markt verkauft, und nun sind sie da, die Wurzeln und Knollen.

Haben Sie gewußt, dass es deren so viele gibt? Die Rote Bete/ Rande, die dunkelrote Tomate des Winters, der eigenartig aussehende Topinambur oder die vornehme schlanke Schwarzwurzel?

Die Wurzeln und Knollen haben in unserer Küche eine lange Tradition. In ganz Mitteleuropa waren sie vor noch gar nicht allzu langer Zeit zusammen mit dem Kohl von Mitte November bis Mitte Mai wichtiges Grundnahrungsmittel. Mit den Treibhäusern, den Importmöglichkeiten und nicht zuletzt mit der Erwärmung des Klimas ist der Sommer in der Gemüseküche länger geworden. Doch immer öfter spürt man eine Übersättigung des Paprika-/Peperoni-, Zucchini- und Tomaten-Einerlei und man sucht neue Wege und «Wurzeln».

Sie finden in diesem Buch 11 Wurzeln und Knollen, gegliedert in einzelne Kapitel, mit rund 100 Rezepten. In vielen Rezepten sind die Wurzeln austauschbar oder können mit anderen gemischt werden. Lassen Sie Ihrer Kreativität freien Lauf!

Es freut mich, dass Sie dieses Buch in der Hand halten. Sie haben es erraten: Ich bin ein Winter-Wurzelkind. Viel Vergnügen beim Entdecken alter und neuer Wurzelgemüse!

Marianna Buser

Mein herzlicher Dank geht an alle, die mich bei der Realisierung dieses Buches in irgendeiner Form unterstützt haben. Ganz besonders danken möchte ich:

Claudia Gorbach, die mich mit ihren kreativen Rezeptideen inspirierte und Korrekturen vornahm.
Béla Bartha und Pavel Beco von «Pro Specie rara», die mich auf die «Wurzelgemüse» aufmerksam machten und mich an ihrem Wissen teilhaben ließen.
Meinem Freund Othmar Herde, der immer mehr zum «Gastro-Kritiker» wurde und in turbulenten Zeiten der ruhende Pol war.
Meinem Büro-Nachbarn Christoph Stadelmann, der mir bei der Computerarbeit behilflich war.
Meiner Mutter Annemarie, die mich von früh auf in ihre Gemüse-Kochtöpfe schauen ließ und für mich in alten Kochbüchern gestöbert hat.
Allen TestesserInnen, welche die Gerichte probierten und kritisierten und mich nicht zuletzt von einem Berg von Probegerichten befreiten.

HERBSTRÜBE

Synonyme
Halmrübe, Bruchrübe, Stoppelrübe, Steckrübe, Wasserrübe, Saatrübe, Weiße Rübe, Räbe.

Familie
Die Herbstrübe (Brassica rapa var. rapa subvar. esculenta) gehört zur Familie der Kreuzblütler. Herbstrübe, Mairübe, Teltower Rübchen und Stilmus werden unter dem Namen Speiserüben (Brassica rapa) zusammengefasst.

Herkunft
Der lateinische Name «Brassica» deutet auf eine Kreuzung von Rübe und Kohl hin. Das Blatt hat eine große Ähnlichkeit mit demjenigen des Stengelkohls (ital. Cima di rapa).

Geschichte
Bereits im griechischen und römischen Altertum war die Herbstrübe bekannt. Eine größere Bedeutung erlangte sie als Zwischenfrucht in der Dreifelderwirtschaft des Mittelalters. Bis zum Aufkommen der Kartoffel spielte sie eine wichtige Rolle.

Botanik
Die Herbstrübe ist eine äußerst schnell wachsende Pflanze. Sie wird Mitte Juli meistens in die Stoppeln (Stoppelrübe) der Getreidefelder gesät und die Frucht kann bereits Ende Oktober, Anfang November geerntet werden. Die Wurzel ist kugelig mit einem Durchmesser von 6 bis 8 cm. Der Wurzelkopf hat eine rosa bis violette Farbe. Der untere Teil der Wurzel und das Wurzelfleisch sind weiß. Die Herbstrübe ist als Lagergemüse bis Mitte Februar erhältlich.

Inhaltsstoffe
Die kalorienarme Herbstrübe besteht zu 90 Prozent aus Wasser. Sie enthält viele Mineralstoffe wie Kalzium, Kalium, Phosphor, Eisen und Natrium sowie die Vitamine B, C und das Provitamin A. Ätherische Öle geben den herben, rettichähnlichen Geschmack.

Anbau
Heute werden die Herbstrüben in Mitteleuropa nur noch in wenigen Regio-

nen für den lokalen Markt angebaut. In der Schweiz kennt man sie vor allem in den deutschsprachigen Regionen. Dort werden die Rüben auch als milchsaures Gemüse (Sauerrüben) angeboten. Sie schmecken ähnlich wie Sauerkraut und können nach gleichen Rezepten zubereitet werden.

Brauchtum

Ein frühwinterlicher Schweizer Brauch ist der «Räbeliechtli-Umzug», welcher jeweils Ende November oder Anfang Dezember stattfindet. Die Herbstrüben werden ausgehöhlt, mit Schnitzereien verziert und mit einer Kerze zum Leuchten gebracht.

ORIENTALISCHER HERBSTRÜBENSALAT

Sauce

- **2 EL Apfelessig**
- **$1^1/_2$ TL Meersalz**
- **$^1/_2$ TL scharfer Curry**
- **$^1/_2$ TL Kurkuma (Gelbwurz)**
- **4 EL kaltgepresstes Distelöl**

- **500 g Herbstrüben, geschält**
- **2 getrocknete Feigen, gewürfelt**

1. Die Zutaten für die Salatsauce gut verrühren und kräftig würzen.

2. Die Herbstrüben in feine Stäbchen schneiden oder mit dem Gemüsehobel/der Röstiraffel direkt in die Sauce hobeln. Gut mischen. Die getrockneten Feigen dazugeben. Einige Minuten stehen lassen.

SAUERRÜBENSALAT MIT BIRNEN

- **10 getrocknete Birnenhälften**
- **1 frische Birne**
- **500 g Sauerrüben (aus dem Beutel)**

Sauce

- **2 EL Zitronensaft**
- **1 EL Weißweinessig**
- **$^1/_4$ TL Curry**
- **weißer Pfeffer aus der Mühle**
- **3 EL kaltgepresstes Sonnenblumenöl**

1. Die getrockneten Birnen über Nacht in etwas Wasser einweichen. Vier Birnenhälften für die Garnitur beiseite legen, den Rest in kleine Stücke schneiden. Die frische Birne in kleine Stücke schneiden.

2. Die Salatsauce zubereiten.

3. Sämtliche Zutaten mit der Sauce mischen.

4. Den Salat anrichten. Mit Feld-/Nüsslisalat und einer Birnenhälfte garnieren.

Abbildung:
Sauerrübensalat mit Birnen (oben)
Sauerrübeneintopf (unten),
Rezept Seite 17

MAISROULADE MIT HERBSTRÜBENFÜLLUNG

für 8 bis 10 Personen

- **200 g Herbstrüben**
- **100 g grüner Lauch, in Streifen**

- **125 g mittelfeiner Maisgrieß**
- **450 ml/4,5 dl schwache Gemüsebrühe**
- **1 Lorbeerblatt**
- **1 TL grob gehackte Rosmarinnadeln**
- **1 Knoblauchzehe**
- **Pfeffer aus der Mühle**
- **Meersalz**

- **30 g Greyerzer Käse, klein gewürfelt**

- **1 Portion Tomatensauce Rezept Seite 48**

1. Die Herbstrüben schälen und in etwa 4 mm große Würfelchen schneiden. Im Dampf knackig garen. Den Lauch während der letzten 2 Minuten mitgaren, beiseite stellen.

2. Den Maisgrieß mit der Gemüsebrühe aufkochen, das Lorbeerblatt dazugeben, 15 bis 20 Minuten auf kleinem Feuer köcheln lassen, immer wieder gut rühren. Das Lorbeerblatt entfernen. Rosmarin und durchgepressten Knoblauch darunter rühren. Mit Pfeffer und Salz abschmecken.

3. Den Ofen auf 200 Grad vorheizen.

4. Den Maisbrei etwa 4 mm dick und rechteckig auf einem mit Backtrennpapier belegten Blech ausstreichen. Einige Minuten fest werden lassen.

5. Auf den noch nicht ganz erkalteten Mais das Gemüse und die Käsewürfelchen verteilen. Mit Hilfe des Backtrennpapiers das Maisblatt aufrollen und vollständig erkalten lassen.

6. Die Maisroulade in etwa 1 cm dicke Scheiben schneiden, auf ein Backblech legen und im Ofen 5 Minuten überbacken.

7. Mit der Tomatensauce auf den vorgewärmten Tellern einen Spiegel machen, die Maisroulade darauf anrichten. Sofort servieren.

Tipp: Als Hauptgericht für 4 bis 5 Personen.

HERBSTRÜBEN AN WEISSER SAUCE

- **800 g Herbstrüben**
- **1 EL Butterschmalz/Bratbutter**
- **100 ml/1 dl Wasser**
- **1 Lorbeerblatt**
- **Meersalz**

Weiße Sauce

- **2 EL Butterschmalz/Bratbutter**
- **2 EL Haushaltmehl**
- **100 ml/1 dl Milch**
- **100 ml/1 dl Wasser**
- **2 Umdrehungen grüner Pfeffer aus der Mühle**
- **1 Prise geriebene Muskatnuss**
- **Meersalz**

1. Die Herbstrüben schälen und in 10 bis 15 mm große Würfel schneiden. Im Butterschmalz andünsten. Das Wasser und das Lorberblatt beifügen, aufkochen und salzen. 10 Minuten auf kleinem Feuer köcheln lassen. Das Lorbeerblatt entfernen.

2. Für die Sauce das Mehl im Butterschmalz anschwitzen, die Milch und das Wasser unter Rühren dazugeben, aufkochen, die Sauce auf kleinem Feuer unter zeitweiligem Rühren 10 Minuten köcheln lassen. Würzen.

3. Die gekochten Rüben in der Sauce erwärmen.

Tipp: Die Herbstrüben mit einem farbigen Gemüse kombinieren.

SAUERRÜBEN-EINTOPF

- **1 TL Butterschmalz/Bratbutter**
- **1 Zwiebel, fein gehackt**
- **500 g Sauerrüben (aus dem Beutel)**
- **500 g geräucherter Speck, in 1 cm dicken Scheiben**
- **1 Lorbeerblatt**
- **Pfeffer aus der Mühle**
- **2 Prisen geriebene Muskatnuss**
- **Meersalz**
- **500 g mittlere Kartoffeln, gewürfelt**

1. Die Zwiebeln im Butterschmalz andünsten, die Sauerrüben, den Speck und das Lorbeerblatt dazugeben, aufkochen und auf kleinem Feuer 45 Minuten kochen lassen. Eventuell wenig Wasser dazugießen. Würzen. Die Kartoffeln dazugeben, weitere 12 bis 15 Minuten kochen lassen. Das Lorbeerblatt vor dem Servieren entfernen.

Tipp: Zu diesem Eintopfgericht aus Großmutters Küche passt ein knackiger Wintersalat.

Abbildung Seite 15

HERBSTRÜBEN MIT GRÜNEN ERBSEN

- **50 g getrocknete grüne Erbsen**
- **400 g Herbstrüben**
- **1 EL Olivenöl**
- **100 ml/1 dl Wasser**

Sauce
- **1 EL Olivenöl**
- **$1^1/_2$ EL Haushaltmehl**
- **50 ml/0,5 dl Milch**
- **50 ml/0,5 dl Wasser**
- **2 EL Basilikumpesto**
- **Meersalz**
- **Pfeffer aus der Mühle**

1. Die grünen Erbsen über Nacht in reichlich Wasser einlegen. Am nächsten Tag das Wasser abgießen.

2. Die Herbstrüben schälen und in etwa 1 cm große Würfel schneiden.

3. Die Herbstrüben und die grünen Erbsen im Olivenöl andünsten, das Wasser beifügen, aufkochen und auf kleinem Feuer 20 bis 25 Minuten köcheln lassen.

4. Für die Sauce das Mehl im Olivenöl anschwitzen, die Milch und das Wasser unter Rühren dazugeben, aufkochen und die Sauce auf kleinem Feuer unter zeitweiligem Rühren 8 Minuten köcheln lassen. Würzen mit Basilikumpesto, Salz und Pfeffer.

5. Das Gemüse mit der Sauce mischen.

Tipp: Dieses Gericht ist bei Kindern sehr beliebt; es ist eine Alternative zu den herkömmlichen grünen Erbsen mit Möhren/Karotten.

BUNTE SPIESSCHEN MIT KÄSEWÜRFELN

für 8 bis 10 Spießchen

- **500 g Herbstrüben**
- **200 g Pfälzer Rüben**
- **2 Zwiebeln, halbiert, in Scheiben**
- **250 g Greyerzer Käse, gewürfelt (16 bis 20 Würfel)**

- **8–10 Holzspießchen**

Marinade
- **150 ml/1,5 dl Olivenöl**
- **1 Knoblauchzehe, durchgepresst**
- **1 TL Paprikapulver**
- **Pfeffer aus der Mühle**
- **1 Msp Chilipulver**
- **Meersalz**

1. Die Herbstrüben schälen, in etwa 2 cm große Würfel schneiden. Die Pfälzer Rüben gut waschen, in etwa 6 mm dicke Scheiben schneiden, je nach Größe halbieren.

2. Beide Gemüse im Dampf etwa 12 Minuten garen. Auskühlen lassen.

3. Ofen auf 250 Grad vorheizen.

4. Herbstrüben, Pfälzer Rüben und Zwiebeln abwechslungsweise auf die Holzspießchen reihen. Beidseitig Platz frei lassen für je einen Käsewürfel. Das Gemüse mit der Marinade einpinseln. 30 Minuten oder länger marinieren.

5. Die Gemüsespießchen im heißen Ofen 10 Minuten braten. Nun beidseitig einen Käsewürfel aufstecken und weitere 2 Minuten braten. Sofort servieren!

Abbildung nebenan

GEFÜLLTE HERBSTRÜBEN

- **4 mittlere Herbstrüben**

Füllung
- **150 g mittelfeiner Grünkernschrot**
- **220 ml/2,2 dl Wasser**
- **2 TL Olivenöl**
- **2 Knoblauchzehen**
- **2 Eigelb von Freilandeiern**
- **1/2 TL getrockneter Thymian**
- **1/2 TL getrockneter Salbei**
- **Meersalz**
- **Pfeffer aus der Mühle**
- **1 Prise Chilipulver**

- **2 Eiweiß von Freilandeiern**
- **1 Prise Meersalz**

1. Die Herbstrüben schälen und einen dünnen Deckel abschneiden, die Rüben mit einem Kugelausstecher dünnwandig aushöhlen.

2. Herbstrüben samt Deckel in einem weiten Topf im Dampf 12 bis 15 Minuten garen. Herausnehmen und erkalten lassen.

3. Den Grünkernschrot mit dem Wasser aufkochen, auf kleinem Feuer 10 Minuten köcheln lassen, weitere 10 bis 15 Minuten zugedeckt auf der ausgeschalteten Wärmequelle nachquellen lassen.

4. Ofen auf 220 Grad vorheizen.

5. Olivenöl, durchgepresste Knoblauchzehen und Eigelb unter die Grünkernmasse rühren. Würzen. Das mit der Prise Salz steif geschlagene Eiweiß sorgfältig darunter ziehen.

6. Die Grünkernmasse in die ausgehöhlten Herbstrüben füllen, den Deckel aufsetzen. Im vorgeheizten Ofen 20 Minuten backen.

Tipp: Ausgehöhltes Rübenfleisch für eine Suppe verwenden.

KARTOFFEL-SAUERRÜBEN-PUFFER

- **400 g Kartoffeln, grob gewürfelt**

- **250 g Sauerrüben (aus dem Beutel)**
- **6 EL Haushaltmehl**
- **2 Freilandeier**
- **weißer Pfeffer aus der Mühle**
- **1 Prise Chilipulver**
- **1 Prise Currypulver**
- **1 Prise geriebene Muskatnuss**
- **2 EL fein gehackte Petersilie**
- **Meersalz**

- **Butterschmalz/Bratbutter**

1. Die Kartoffeln im Dampf rund 20 bis 25 Minuten garen, bis sie gut weich sind. Durch ein Passetout/Passevite drehen.

2. Die Sauerrüben fein hacken, mit den Kartoffeln, dem Mehl und den Eiern zu einem Teig vermengen. Würzen. Den Teig 15 Minuten ruhen lassen.

3. Mit dem Eisportionierer von der Kartoffel-Sauerrüben-Masse Kugeln abstechen, diese flach drücken und im Butterschmalz beidseitig braten.

Tipp: Mit Gemüse, Tofu oder auch Saucenfleisch servieren.

KOHLRÜBE / BODENKOHLRABI

Synonyme
Schmelzrübe, Bodenrübe, Stockrübe, Chou-rave, Wruke, Dorsche, Dotsche, Rutabaga.

Familie
Die Kohlrübe (Brassica napus var. nappobrassica) gehört zur Familie der Kreuzblütler.

Herkunft
Die Kohlrübe ist eine alte Kulturpflanze, deren Herkunft unklar ist. Eine Wildform ist nicht bekannt. Man nimmt an, dass sie aus einer Kreuzung von Kohlrabi und Herbstrübe im westlichen Mittelmeer entstanden ist.

Geschichte
In Kriegs- und Hungerjahren hatte die Kohlrübe Konjunktur. Sie bewahrte manche Familie vor dem Schlimmsten. Zu Unrecht wurde sie später als minderwertiges Gemüse gehandelt.

Botanik
Die Kohlrübe hat einen Durchmesser von 8 bis 12 cm und kann bis 1,5 Kilogramm schwer werden. Zu $^4/_5$ wächst die Rübe unter der Erde. Die kräftigen, blaugrünen Blätter wachsen rosettenförmig aus der Sprossrübe. Die dicke Schale ist am Wurzelkopf hellgrün und wechselt gegen die Wurzelmitte hin zu Gelb. Das rohe Wurzelfleisch ist zartgelb und wird durch das Kochen intensiv gelb. Heute feiert die Kohlrübe in alten und neuen Rezepten ihr Comeback.

Anbau
Die Kohlrübe gedeiht in der gemäßigten Klimazone. Sie ist anspruchslos und schnellwachsend (Dreimonatspflanze). Häufig wird sie als Nachfrucht Anfang oder Ende Juli gepflanzt. Sie braucht im Spätherbst nicht sofort geerntet zu werden, da sie Temperaturen bis minus 10 Grad erträgt. Leider

ist die Rübe anfällig für den Drahtwurm, der sich durch das Fleisch frisst und dünne schwarze Spuren hinterlässt.

Inhaltsstoffe

Die Kohlrübe enthält viel Traubenzucker, Eiweiß, Fett, Kalzium und Provitamin A (gibt der Rübe die gelbe Farbe) sowie die Vitamine B_1, B_2 und C. Roh schmeckt sie herb bis erdig, gekocht entwickelt sie einen aromatisch süßlichen, schmelzenden Geschmack (Schmelzräbe).

KOHLRÜBEN AN ZITRONENSAUCE

- **500 g Kohlrüben/Bodenkohlrabi**

Sauce

- **3 EL Zitronensaft**
- **Meersalz**
- **Pfeffer aus der Mühle**
- **2 TL abgeriebene Schale einer unbehandelten Zitrone**
- **5 EL kaltgepresstes Distelöl**

1. Die Zutaten für die Sauce gut verrühren.

2. Die Kohlrüben schälen und in feine Stäbchen schneiden oder mit dem Gemüsehobel/der Röstiraffel hobeln.

3. Die Kohlrüben mit der Salatsauce mischen. Einige Minuten ziehen lassen.

Tipp: Diesen Salat möglichst frisch essen, da er rasch «erdig» schmeckt.

KOHLRÜBENSÜPPCHEN

- **1 EL Butterschmalz/Bratbutter**
- **400 g Kohlrüben/Bodenkohlrabi, geschält und gewürfelt**
- **1 mittlerer Apfel, entkernt und gewürfelt**
- **700 ml/7 dl Wasser**
- **1 EL Pfeilwurzelmehl**
- **100 ml/1 dl Milch**
- **50 g/0,5 dl Sahne/Rahm**
- **weißer Pfeffer aus der Mühle**
- **Meersalz**
- **1/2 TL Ingwerpulver**
- **1 TL abgeriebene Schale einer unbehandelten Zitrone**

1. Die Kohlrüben und die Äpfel im Butterschmalz andünsten. Das Wasser beifügen, aufkochen und 10 Minuten auf kleinem Feuer weich kochen. Die Suppe pürieren.

2. Das mit der Milch verrührte Pfeilwurzelmehl unter die Suppe rühren, aufkochen und 2 bis 3 Minuten auf kleinem Feuer köcheln lassen. Die Sahne dazugeben, nochmals erhitzen. Würzen.

Abbildung:
Kohlrübensüppchen (oben)
Kohlrübensalat mit Essiggurken (auf blauem Teller unten),
Rezept Seite 24
Rote-Bete-Salat mit Linsensprossen (auf blauem Teller oben),
Rezept Seite 71
Topinambursalat mit Haselnüssen (auf blauem Teller links), Rezept Seite 87

KOHLRÜBENSALAT MIT ESSIGGURKEN

- **400 g Kohlrüben/Bodenkohlrabi**
- **4 kleine Essiggurken, klein gewürfelt**

Sauce

- **2 EL Weißweinessig**
- **1/2 Knoblauchzehe, durchgepresst**
- **1 TL getrockneter Dill**
- **weißer Pfeffer aus der Mühle**
- **Meersalz**
- **3 EL kaltgepresstes Sonnenblumenöl**

1. Die Kohlrüben schälen und klein würfeln. Im Dampf 8 Minuten knackig garen.

2. Die Zutaten für die Sauce gut verrühren.

3. Die noch warmen Kohlrüben und die Essiggurken mit der Sauce mischen. Einige Minuten ziehen lassen.

Tipp: Dieser Salat schmeckt auch sehr gut an einer Mayonnaise.

Abbildung Seite 23

KOHLRÜBENSOUFFLÉ

- **1 TL Butterschmalz/Bratbutter**
- **200 g Kohlrüben/Bodenkohlrabi, geschält und gewürfelt**
- **2 EL schwarze Sesamsamen**
- **60 g Vollmilchquark**
- **2 EL Dinkelvollkornmehl**
- **2 Eigelb von Freilandeiern**
- **weißer Pfeffer aus der Mühle**
- **1 Prise geriebene Muskatnuss**
- **wenig abgeriebene Schale einer unbehandelten Zitrone**
- **Meersalz**

- **2 Eiweiß**
- **1 Prise phosphatfreies Backpulver**
- **1 Prise Meersalz**

- **Butter und Mehl für die Backförmchen**

1. Die Soufflêförmchen mit Butter einstreichen und mit Mehl bestäuben.

2. Ofen auf 180 Grad vorheizen.

3. Die Kohlrüben im Butterschmalz andünsten, mit einigen Esslöffeln Wasser ablöschen, 10 Minuten auf kleinem Feuer weich kochen. Pürieren und erkalten lassen.

4. Sesamsamen, Vollmilchquark, Mehl und Eigelb unter das Gemüsepüree rühren. Würzen. Das mit dem Backpulver und der Prise Salz steif geschlagene Eiweiß darunter ziehen. In die vorbereiteten Förmchen füllen.

5. Das Kohlrüben-Soufflé im Ofen auf mittlerem Einschub 25 bis 30 Minuten backen. Sofort servieren!

Abbildung: Kohlrübensoufflé

Kohlrübenpüree – Fricktaler Räbepappe

- **1 EL Butterschmalz/Bratbutter**
- **400 g Kohlrüben/Bodenkohlrabi, geschält und gewürfelt**
- **1 Kartoffel, geschält und gewürfelt**
- **200 ml/2 dl Wasser**
- **1 Lorbeerblatt**
- **2 EL Butter**
- **Meersalz**
- **1 Prise geriebene Muskatnuss**
- **weißer Pfeffer aus der Mühle**

1. Kohlrüben und Kartoffeln im Butterschmalz andünsten. Das Wasser und das Lorbeerblatt beifügen, aufkochen und auf kleinem Feuer 15 Minuten weich kochen. Das Lorbeerblatt entfernen.

2. Das Gemüse pürieren, mit der Butter verfeinern. Würzen.

Tipp: Mit gebratenen Zwiebelscheiben oder Speckwürfelchen servieren.

Gedünstete Kohlrüben mit Anis

- **800 g Kohlrüben/Bodenkohlrabi**
- **1 EL Butterschmalz/Bratbutter**
- **1 TL Anissamen**
- **100 ml/1 dl Wasser**
- **Meersalz**
- **Pfeffer aus der Mühle**

1. Die Kohlrüben schälen, zuerst in 5 mm dicke Scheiben, dann quer in Streifen und diese in schräge Stücke (Rhomben) schneiden.

2. Die Kohlrüben mit den Anissamen im Butterschmalz andünsten. Mit dem Wasser ablöschen, aufkochen und auf kleinem Feuer 10 Minuten köcheln lassen. Würzen.

Tipp: Dieses Gemüse passt gut zu Saucengemüse oder Saucenfleisch.

Kohlrüben mit Sauerkraut

- **600 g Kohlrüben/Bodenkohlrabi**
- **1 Zwiebel, fein gehackt**
- **1 EL Butterschmalz/Bratbutter**
- **250 g rohes Sauerkraut**
- **100 ml/1 dl Wasser**
- **1 TL Kümmelsamen**
- **100 ml/1 dl Wasser**
- **100 ml/1 dl Milch**
- **1 gekochte Schalenkartoffel, geschält, fein gerieben**
- **Meersalz**
- **Pfeffer aus der Mühle**
- **1 Prise Currypulver**

1. Die Kohlrüben schälen und in mittelgroße Würfel schneiden.

2. Die Kohlrüben und die Zwiebeln im Butterschmalz andünsten. Das Sauerkraut, das Wasser und den Kümmel dazugeben, aufkochen und 30 Minuten auf kleinem Feuer köcheln lassen. Das restliche Wasser, die Milch und die Kartoffeln dazugeben, aufkochen und weitere 5 Minuten köcheln lassen. Würzen.

Tipp: Dieses Gemüse passt zu Wurst, Schinken, Speck und Getreidebratlingen.

Kohlrübeneintopf mit Tofu

- **350 g Kohlrüben/Bodenkohlrabi**
- **250 g Kartoffeln**
- **150 g Wirsing/Wirz**
- **1 kleine Zwiebel, fein gehackt**
- **1 EL Butterschmalz/Bratbutter**
- **1 Lorbeerblatt**
- **200 ml/2 dl Gemüsebrühe**
- **1 Prise geriebene Muskatnuss**
- **Pfeffer aus der Mühle**
- **Meersalz**

- **200 g marinierter Tofu, gewürfelt**

1. Die Kohlrüben schälen, die Kartoffeln gut waschen, in Würfel schneiden. Den Wirsing in 4 cm breite Streifen schneiden.

2. Kohlrüben, Wirsing und Zwiebeln im Butterschmalz andünsten. Die Kartoffeln und das Lorbeerblatt dazugeben. Mit der Gemüsebrühe ablöschen, aufkochen und auf kleinem Feuer rund 10 bis 15 Minuten köcheln lassen.

3. Die Tofuwürfel zum Gemüse geben, nochmals 3 Minuten köcheln lassen.

KNOLLENSELLERIE

Synonyme
Wurzelsellerie, Zellerich, Erpf, Eppich.

Familie
Der Knollensellerie (Apium graveolens var. rapaceum) gehört zur Familie der Doldenblütler.

Herkunft
Die deutsche Bezeichnung «Sellerie» ist vom französischen Wort «Céleri» abgeleitet.

Geschichte
Der Knollensellerie genoss im Altertum bei Griechen und Ägyptern großes Ansehen. Er verkörperte einerseits Sieg, Triumph und Glück, andererseits aber auch Trauer und Tränen. Die Römer verwendeten den Knollensellerie als Antidepressivum. Im Mittelalter war er gar Aphrodisiakum.
Der Knollensellerie wurde zu allen Zeiten als Gemüse und stoffwechselanregendes Heilmittel verwendet. Bis er sich in Mitteleuropa etablieren konnte, verging geraume Zeit. Dann aber verdrängte er zusammen mit der Möhre/Karotte und der Kartoffel die geschmacklich verwandte Pastinake.

Botanik
Der Knollensellerie ist während des ganzen Jahres erhältlich. Ausgewachsen ist er faustgroß und hat eine hellbraune Schale mit einigen Nebenwürzelchen. Das Blattwerk ist kräftig und würzig. Das Wurzelfleisch ist von weißlicher Farbe, außen ziemlich fest und gegen die Mitte hin leicht schwammig. An der Luft oder im Wasser verfärbt sich das Wurzelfleisch rasch bräunlich oder gräulich. Dies kann verhindert werden, wenn Zitronensaft über das Schnittgut geträufelt oder dem Kochwasser beigegeben wird.

Marktangebot
Im Frühling wird der junge «Suppensellerie» mit hellgrünem Blattwerk und einer Knolle von etwa 3 cm Durchmesser angeboten. Im Sommer folgt der größere Knollensellerie mit kräftigen Blättern. Die Haupternte für Lagersellerie ist im Herbst.

Inhaltsstoffe
Der Knollensellerie hat einen hohen ernährungsphysiologischen Wert, den er vor allem den ätherischen Ölen (Apiin u.a.) verdankt; sie geben ihm auch den typischen, würzigen Geschmack. Die Knolle enthält ferner die Mineralstoffe Kalium, Kalzium, Phosphor, Natrium, Magnesium und Eisen. Die Vitamine C, E, B_1, B_2, B_{12} und das Provitamin A sind ebenfalls vertreten.

Anbau
Der Knollensellerie ist heute eines der wichtigsten Freilandgemüse Mitteleuropas. Im Winter wird er vor allem als Suppengemüse verwendet. Mit der Erfindung des «Waldorfsalates» hielt er Einzug in die kalte Küche.
Im südlichen Europa ist der Knollensellerie kaum bekannt; seinen Platz nimmt der schlanke, knackige Staudensellerie/Stangensellerie ein.

SELLERIESALAT MIT PFLAUMEN

- **350 g Knollensellerie**

Sauce
- **3 EL Zitronensaft**
- **1/2 TL abgeriebene Schale einer unbehandelten Zitrone**
- **1 Prise geriebene Muskatnuss**
- **Meersalz**
- **4 EL kaltgepresstes Distelöl**

- **6 getrocknete Pflaumen, entsteint und gehackt**

1. Für die Sauce die Zutaten gut verrühren.

2. Den Sellerie schälen und mit dem Gemüsehobel/der Röstiraffel direkt in die Sauce hobeln. Die Pflaumen darunter rühren. Etwa 10 Minuten ziehen lassen.

KLARE SUPPE MIT BUNTEM GEMÜSE

- **1 mittlere Sellerieknolle**
- **1 Möhre/Karotte**
- **1 Pfälzer Rübe**
- **wenig grüner Lauch**
- **1/2 EL Butterschmalz/Bratbutter**
- **700 ml/7 dl Gemüsebrühe**
- **1 Lorbeerblatt**
- **Meersalz**
- **Pfeffer aus der Mühle**
- **1 Prise Paprikapulver**

1. Sämtliches Gemüse schälen oder putzen. Den Sellerie in 5 mm dicke Scheiben und die Scheiben in 2 cm breite Streifen, dann in schräge Stücke (Rhomben) schneiden. Möhre, Pfälzer Rüben und Lauch in kleine Würfel (Brunoise) schneiden.

2. Den Sellerie im Butterschmalz andünsten. Mit der Gemüsebrühe auffüllen, das Lorbeerblatt dazugeben. Die Suppe aufkochen und auf kleinem Feuer 8 Minuten köcheln lassen.

3. Das Lorbeerblatt entfernen, die Gemüsewürfelchen zur Brühe geben. Würzen.

Abbildung Seite 32

SELLERIE-MÖHREN-TERRINE

für 8 bis 10 Personen

Selleriepüree
- **1 TL Butterschmalz/Bratbutter**
- **250 g Knollensellerie, geschält und gewürfelt**
- **100 ml/1 dl Wasser**
- **100 g/1 dl Sahne/Rahm**
- **Pfeffer aus der Mühle**
- **1 Prise geriebene Muskatnuss**
- **Meersalz**
- **2 1/2 TL Agar-Agar-Pulver**
- **4 EL Wasser**
- **4 EL Kapern**

- **1 Eiweiß von einem Freilandei**
- **1 Prise Meersalz**

Möhren-/Karottenpüree
- **1 TL Butterschmalz/Bratbutter**
- **200 g Möhren/Karotten, geschält und gewürfelt**
- **100 ml/1 dl Wasser**
- **Pfeffer aus der Mühle**
- **1 Prise geriebene Muskatnuss**
- **Meersalz**
- **100 g/1 dl Sahne/Rahm**
- **2 1/2 TL Agar-Agar-Pulver**
- **4 EL Wasser**

- **1 Eiweiß von einem Freilandei**
- **1 Prise Meersalz**

- **Gemüsewürfelchen (Brunoise), für die Garnitur**
- **Kapern, für die Garnitur**

1. Den Sellerie im Butterschmalz andünsten, das Wasser beifügen, aufkochen und 10 Minuten auf kleinem Feuer weich garen. Den Sellerie samt der Kochflüssigkeit und der Sahne pürieren. Das Püree in den Kochtopf zurückgeben. Mit Pfeffer, Muskatnuss und Salz würzen.

2. Agar-Agar-Pulver im Wasser auflösen und 5 Minuten quellen lassen. Unter das Selleriepüree rühren, aufkochen und auf kleinem Feuer 2 bis 3 Minuten köcheln lassen. Die Kapern darunter rühren und leicht auskühlen lassen.

3. Das Eiweiß mit einer Prise Salz steif schlagen und sorgfältig unter das Püree heben.

4. Eine längliche Backform mit Klarsichtfolie auskleiden, das Püree hineingeben und kühl stellen.

5. Mit den Möhren wie mit dem Knollensellerie verfahren; siehe Punkte 1 bis 4.

6. Das Möhrenpüree auf das Selleriepüree verteilen, mit einer Klarsichtfolie verschliessen und im Kühlschrank rund 6 Stunden fest werden lassen.

7. Die Terrine 10 Minuten vor dem Servieren aus dem Kühlschrank nehmen, stürzen und in 15 mm dicke Scheiben schneiden. Mit den Gemüsewürfelchen und den Kapern anrichten.

Tipp: Diese Terrine ist etwas aufwendig, kann aber gut am Vortag zubereitet werden.

Abbildung:
Sellerie-Möhren-Terrine

Sellerieschreiben im Nussmantel

für 8 bis 10 Scheiben

- **1 großer Knollensellerie**
- **1 l Wasser**
- **1 EL Meersalz**
- **2 EL Zitronensaft**

- **Meersalz**
- **Pfeffer aus der Mühle**
- **6 EL Dinkelvollkornmehl**
- **1 Freilandei, verquirlt**
- **etwa 60 g geriebene Haselnüsse**

- **Butterschmalz/Bratbutter**

1. Den Sellerie schälen und in 5 mm dicke Scheiben schneiden.

2. Wasser, Salz und Zitronensaft aufkochen, die Sellerieschreiben darin knapp weich kochen. Die Scheiben herausnehmen und erkalten lassen.

3. Die Sellerieschreiben würzen. Zuerst im Mehl, dann im Ei und zuletzt in den geriebenen Haselnüssen wenden.

4. Die panierten Sellerieschreiben im Butterschmalz beidseitig goldbraun braten.

Tipp: Zu diesem Gericht passen ein Möhren-Kartoffel-Schnee/Karotten-Kartoffel-Stock, Seite 44, ein Wildreisgericht oder ein knackiger Salat.

Abbildung:
Klare Suppe mit buntem Gemüse (oben), Rezept Seite 29
Sellerieschreiben im Nussmantel (unten)

Sellerie an Senfsauce

- **800 g Knollensellerie**
- **1 EL Butterschmalz/Bratbutter**
- **150 ml/1,5 dl Wasser**
- **1 TL Zitronensaft**
- **½ TL Salz**

Sauce
- **2 EL Butterschmalz/Bratbutter**
- **2 EL Haushaltmehl**
- **100 ml/1 dl Milch**
- **100 ml/1 dl Wasser**
- **1 EL körniger Senf**
- **1 EL milder Senf**

- **wenig Meersalz**
- **Pfeffer aus der Mühle**

1. Den Sellerie schälen und in 5 mm dicke Scheiben, die Scheiben in 2 cm lange Streifen und diese schräg in Stücke (Rhomben) schneiden.

2. Den Sellerie im Butterschmalz andünsten, mit dem Wasser und dem Zitronensaft ablöschen. Mit dem Salz würzen. Etwa 8 Minuten auf kleinem Feuer köcheln lassen.

3. Das Mehl im Butterschmalz anschwitzen. Die Milch und das Wasser unter Rühren mit dem Schneebesen dazugeben, aufkochen und auf kleinem Feuer 10 Minuten köcheln lassen. Den Senf darunter rühren.

4. Den Sellerie zur Sauce geben, aufkochen und mit Salz und Pfeffer abschmecken.

Tipp: Dieses Gemüse passt gut zu Getreide oder Brühwürsten.

SELLERIE-ZWIEBEL-PÜREE

- 400 g Knollensellerie
- 100 g Kartoffeln
- 300 g Zwiebeln, in Scheiben
- 1 EL Butterschmalz/Bratbutter
- 200 ml/2 dl Wasser
- Meersalz
- 100 g/1 dl Sahne/Rahm
- 1 Prise geriebene Muskatnuss
- Meersalz
- 20 g Butter

1. Den Sellerie und die Kartoffeln schälen und würfeln.

2. Das Gemüse samt Zwiebeln im Butterschmalz andünsten. Mit dem Wasser ablöschen, aufkochen und salzen. Etwa 10 Minuten auf kleinem Feuer köcheln lassen. Pürieren.

3. Das Gemüsepüree und die Sahne unter Rühren aufkochen, würzen. Mit der Butter verfeinern.

Tipp: Dieses Püree passt zu Wild, Getreidebratlingen oder zu Wintergemüse ohne Sauce.

MEDITERRANER SELLERIE

- 600 g Knollensellerie
- 200 g Kürbis
- 1 große Zwiebel, in Scheiben
- 2 EL kaltgepresstes Olivenöl
- wenig Wasser
- 1 TL getrockneter Majoran
- 1 TL getrocknetes Basilikum
- 1 TL getrocknetes Rosmarin
- 2 Prisen Chilipulver
- 1 Prise grüner Pfeffer
- Meersalz
- 10 Oliven

1. Den Sellerie schälen und in 15 mm große Würfel schneiden. Den Kürbis schälen und in 7 mm große Würfel schneiden.

2. Das Gemüse samt Zwiebeln im Olivenöl andünsten, einige Esslöffel Wasser beifügen. Würzen. Auf kleinem Feuer knackig garen. Abschmecken. Die Oliven untermischen.

Tipp: Zu diesem Gemüse passen Getreidebratlinge, Polenta oder Kaninchenfleisch.

KNOLLENZIEST / STACHYS

Synonyme

Japanische Kartoffel, Japanziest, chinesische Artischocke, Ziestknollen, Crosne du Japon.

Familie

Der Knollenziest (Stachys sieboldii) ist das einzige Gemüse aus der großen Familie der Lippenblütler, das in Westeuropa eine gewisse Bekanntheit erlangt hat.

Geschichte

Die Heimat des Knollenziest sind Japan und China. Im Jahre 1887 gelangte die Wurzel durch einen Arzt oder Gärtner nach Frankreich. In Crosne, bei Paris, wurde er erstmals in größerem Umfang angebaut. Unter dem Namen «Crosne du Japon» avancierte er zum kulinarischen Geheimtip. Schon bald tauchte er auch in Belgien und in England auf und kam später in die Schweiz und nach Deutschland.

Botanik

Die Pflanze wird etwa 30 bis 45 cm hoch. Die Blätter sind nesselartig. Unter der Erde bildet sie, ähnlich der Kartoffel, unterirdische Ausläufer, die sich an den Enden perlschnurartig zu Knöllchen verdicken. Ein Knollenziest wird 2 bis 4,5 cm lang, 1 bis 1,8 cm dick und hat ein Gewicht von etwa 2 Gramm. Die Schale ist unverhornt und weißlich. Sein Aussehen erinnert an ungeschälte Garnelen/Crevetten, Engerlinge oder Maden.

Anbau

Der Knollenziest ist winterhart. Die Ernte, reine Handarbeit, ist von Oktober bis in den Frühling. Es werden nur so viele Knöllchen ausgegraben, als innert kürzester Zeit verkauft werden können, da die Schalen an der Luft rasch braun werden und die Knöllchen an Feuchtigkeit verlieren. Meist bleiben genügend Knöllchen im Boden, so dass im nächsten Herbst wieder geerntet werden kann.

Inhaltsstoffe

Der Knollenziest gehört wie der Topinambur und die Schwarzwurzel zu den inulinhaltigen Gemüsen und ist damit auch für die Ernährung bei Diabetes geeignet. Im Geschmack erinnert er an die Artischocke, die Schwarzwurzel oder den Blumenkohl.

Küche

In Kochbüchern, die in der ersten Hälfte dieses Jahrhunderts publiziert worden sind, findet man Rezepte mit Knollenziest. Danach geriet er etwas in Vergessenheit. Nun hat ihn die gehobene Gastronomie wieder entdeckt.

Marktsituation

Auf Gemüsemärkten und in Spezialgeschäften ist der Knollenziest leider nur selten erhältlich. Der Großhandel (Gastronomie) importiert ihn meistens direkt aus Frankreich. Wegen des geringen Ertrages (400 Knollen wiegen nur 1 Kilogramm), der aufwendigen Ernte und Verarbeitung ist das Feinschmecker-Gemüse noch relativ unbekannt. Versuchen Sie, den Knollenziest im eigenen Garten zu ziehen!

ROHER KNOLLENZIEST-SALAT

- **150 g Knollenziest/Stachys**
- **1 helle Orange**
- **1 Birne**
- **2 EL Sultaninen**

Sauce

- **2 EL Zitronensaft**
- **1 TL frisch geriebener Ingwer**
- **Meersalz**
- **3 EL kaltgepresstes Distelöl**
- **1 EL kaltgepresstes Walnussöl/ Baumnussöl**

1. Für die Sauce die Zutaten gut verrühren.

2. Die Orange oben und unten kappen, die Schale am Fruchtfleisch entlang herunterschneiden. Mit dem Messer an den beiden dünnen Fruchthäutchen der Schnitze entlangschneiden. Die Filets herauslösen. Die Birne vierteln, das Kerngehäuse entfernen, die Fruchtviertel würfeln.

3. Knollenziest, Früchte und Sultanienen mit der Sauce mischen.

Tipp: Mit Blattsalat anrichten.

Abbildung:
Knollenziest mit Kastanien (oben),
Rezept Seite 39
Roher Knollenziest-Salat (unten)

KÜRBISSUPPE MIT KNOLLENZIEST

- **1 EL Butterschmalz/Bratbutter**
- **1 Zwiebel, fein gehackt**
- **200 g geschälter Kürbis (Oranger Knirps/Potimarron oder Mikoshi), zerkleinert**
- **1/2 l Wasser**

- **180 g Knollenziest/Stachys**
- **100 g/1 dl Sahne/Rahm**
- **1 Prise Chilipulver**
- **weißer Pfeffer aus der Mühle**
- **Meersalz**
- **3 EL fein geschnittener Schnittlauch**

1. Die Zwiebeln und den Kürbis im Butterschmalz andünsten, mit dem Wasser ablöschen, aufkochen und 10 bis 15 Minuten auf kleinem Feuer garen. Pürieren.

2. Den Knollenziest zur Suppe geben, aufkochen und 8 Minuten auf kleinem Feuer köcheln lassen. Die Sahne dazugeben, abermals aufkochen. Würzen.

3. Die Kürbissuppe anrichten. Den Schnittlauch darüber streuen.

KNOLLENZIESTSÜLZE

für 4 bis 5 Souffléförmchen

- **400 ml/4 dl kräftige Gemüsebrühe**
- **1 Lorbeerblatt**
- **150 g Knollenziest/Stachys**
- **1 Pfälzer Rübe**
- **1 Möhre/Karotte**
- **2 1/2 TL Agar-Agar-Pulver**
- **4 EL Wasser**
- **1/2 Knoblauchzehe**
- **Pfeffer aus der Mühle**
- **1 Prise Chilipulver**

1. Pfälzer Rübe und Möhre schälen, klein würfeln (Brunoise).

2. Gemüsebrühe und Lorbeerblatt aufkochen, Knollenziest dazugeben, 5 Minuten auf kleinem Feuer köcheln lassen. Pfälzer Rübe und Möhre dazugeben, weitere 5 Minuten köcheln lassen.

3. Agar-Agar-Pulver mit dem Wasser verrühren, kurz quellen lassen, zur Gemüsebrühe geben und unter zeitweiligem Rühren auf kleinem Feuer 3 Minuten köcheln lassen. Das Lorbeerblatt entfernen. Den Knoblauch dazupressen. Würzen.

4. Die Gemüsemasse auf die Souffléförmchen verteilen. 3 bis 4 Stunden kühl stellen und fest werden lassen.

5. Souffléförmchen 10 Minuten vor dem Servieren aus dem Kühlschrank nehmen. Mit einem Messer den Rand sorgfältig lösen und die Köpfchen direkt auf die Teller stürzen.

Tipp: Mit Brunnenkresse servieren.

KNOLLENZIEST MIT KASTANIEN

- **100 g getrocknete Kastanien**
- **200 g Knollenziest/Stachys**

Sauce
- **150 ml/1,5 dl Kochwasser der Kastanien**
- **1 TL Pfeilwurzelmehl**
- **Pfeffer aus der Mühle**
- **1 TL Aspretto di fragola**
- **Meersalz**

1. Die getrockneten Kastanien über Nacht in viel Wasser einweichen. Die Kastanien am nächsten Tag putzen, d. h. braune Früchte und braune Häutchen entfernen. Die Kastanien im Wasser garen, 50 bis 60 Minuten. Abgießen und 150 ml/1,5 dl Kochwasser auffangen.

2. Den Knollenziest im Dampf knapp weich garen, rund 5 Minuten.

3. Für die Sauce das Kochwasser der Kastanien mit dem Pfeilwurzelmehl unter Rühren aufkochen, Knollenziest und Kastanien dazugeben. Gut würzen.

Tipp: Dieses feine Gericht ist für eine Vorspeise rezeptiert. Es passt aber auch vorzüglich zu einem Wildreisgericht, zu Möhren-Kartoffel-Schnee/Karotten-Kartoffel-Stock oder zu Wild.

Abbildung Seite 36

LAMM MIT KNOLLENZIEST UND ÄPFELN

- **8 Lammkoteletts**
- **Distelöl**

Marinade
- **2 EL Senf**
- **2 EL Sherry**
- **2 Knoblauchzehen, durchgepresst**
- **½ TL edelsüßes Paprikapulver**
- **Pfeffer aus der Mühle**

- **200 g Knollenziest**

- **1 Zwiebel, fein gehackt**
- **2 Knoblauchzehen, fein gehackt**
- **2 Boskop-Äpfel, in kleinen Stücken**
- **100 ml/1 dl Weißwein**
- **200 ml/2 dl Wasser**
- **2½ TL Pfeilwurzelmehl**
- **180 g/1,8 dl Sahne/Rahm**
- **wenig Zitronensaft**
- **Pfeffer aus der Mühle**
- **Meersalz**

1. Die Lammkoteletts mit der Marinade einstreichen, 1 Stunde marinieren.

2. Den Knollenziest im Dampf knapp weich garen, 5 Minuten.

3. Die Lammkoteletts im Distelöl beidseitig kräftig braten, warm stellen.

4. In der Fleischpfanne Zwiebeln, Knoblauch, Äpfel und Knollenziest kurz andünsten. Mit dem Weißwein und dem Wasser ablöschen, aufkochen und 5 bis 10 Minuten auf kleinem Feuer garen. Das mit wenig Wasser angerührte Pfeilwurzelmehl darunter rühren, 3 Minuten auf kleinem Feuer kochen lassen. Mit

der Sahne verfeinern und dem Zitronensaft und den Gewürzen abschmecken.

5. Die Lammkoteletts in der Sauce erwärmen. Auf vorgewärmten Tellern anrichten.

Tipp: Mit Bratkartoffeln oder Nudeln servieren.

GEBRATENER KNOLLENZIEST

- **2 EL kaltgepresstes Olivenöl**
- **1 Zwiebel, fein gehackt**
- **2 Knoblauchzehen, fein gehackt**
- **200 g Knollenziest/Stachys**
- **Pfeffer aus der Mühle**
- **1 Prise Chilipulver**
- **1 Prise edelsüßes Paprikapulver**
- **3 EL frische oder getrocknete Kräuter, z. B. Rosmarin, Salbei, Thymian**
- **Meersalz**

1. Zwiebeln, Knoblauch und Knollenziest im Olivenöl andünsten. Bei mittlerer Temperatur etwa 12 Minuten goldbraun braten. Die Knollen dürfen noch knackig sein. Würzen und die Kräuter beifügen.

Tipp: Gebratener Knollenziest ist eine Delikatesse! Mit etwas Feld-/Nüsslisalat und getoasteter Baguette servieren.

Abbildung:
Gebratener Knollenziest (oben)
Knollenziest-Pastetchen (unten)

KNOLLENZIEST-PASTETCHEN

- **200 g Kürbis (Oranger Knirps/Potimarron oder Muscade de Provence oder Mikoshi)**
- **150 g Wirsing/Wirz**
- **150 g Knollenziest/Stachys**

Sauce
- **3 EL Butterschmalz/Bratbutter**
- **4 EL Haushaltmehl**
- **130 ml/1,3 dl Milch**
- **200 ml/2 dl Wasser**
- **1½ EL Haselnussmus**
- **Meersalz**
- **weißer Pfeffer aus der Mühle**
- **1 TL Aspretto di fragola**

- **4 Blätterteigpastetchen**

1. Den Kürbis schälen und klein würfeln. Den Wirsing in etwa 1,5 cm breite Streifen schneiden.

2. Den Knollenziest und das Gemüse im Dampf 10 Minuten garen, beiseite stellen.

3. Ofen auf 180 Grad vorheizen.

4. Für die Sauce das Mehl im Butterschmalz anschwitzen, Milch, Wasser und Haselnussmus unter Rühren mit dem Schneebesen dazugeben, aufkochen und auf kleinem Feuer 10 Minuten köcheln lassen.

5. Das Gemüse zur Sauce geben, nochmals aufkochen und würzen.

6. Die Pastetchen im vorgeheizten Ofen 4 Minuten aufbacken.

7. Die Pastetchen auf vorgewärmten Tellern anrichten, mit dem Gemüse und der Sauce füllen. Sofort servieren.

MÖHRE / KAROTTE

Synonyme
Gartenmöhre, Mohrrübe, Speisemohrrübe, Gelbrübe, Gelbe Wurzel, Eselsmöhre, Rübe, Karotte, Feldrüebli.

Familie
Die Möhre (Daucus carota) gehört zur Familie der Doldenblütler.

Herkunft
Den Stamm des Wortes «Möhre» (althochdeutsch mor(a)ha) findet man in slawischen Sprachen wieder. Die Möhre gehört zu den wenigen Gemüsen, die von einer einheimischen Wildpflanze, der Wilden Möhre, abstammt. Sie ist heute noch als «Kulturflüchtling» aus Gärten und Möhrenfeldern auf Magerwiesen, Brachfeldern, an Wegrändern oder in Schutthalden anzutreffen.

Geschichte
Die Spuren der Möhre als Nutzpflanze führen uns in die graue Vorzeit zurück. In Moosseeedorf (Schweiz, Kanton Bern) wurden Möhrensamen in Pfahlbauten gefunden, die aus der Zeit von 2000 bis 1000 v. Chr. stammen.

Botanik
Die populärsten Möhrensorten (Dauctus carota L.) bilden orange-rote, etwa 10 bis 12 cm lange, kegelförmige Wurzeln. Weitere Sorten sind:

- Pfälzer Rübe: Gelbe Wurzel, Wurzelschulter hellgrün, etwas größer als die orange Möhre. Herber, erdiger Geschmack. Sie wird in kleineren Mengen in Mitteleuropa angebaut.
- Küttiger Möhre: Weiße Farbe, sehr konische Wurzel, intensiver Möhrengeschmack. Sie wird in Küttigen (Schweiz, Kanton Aargau) lokal angebaut und vermarktet.
- Violette Möhre: Violette Farbe, mittelgroß, stark konische Form. Wird in asiatischen Ländern angebaut.
- Pariser Karotte: rot-orange Farbe, vollrund, 1,5 bis 2 cm lang. Wird vorwiegend für die Konservenindustrie angebaut.

Ernte
Frühe Möhrensorten kommen Anfang März auf den Markt. Sie sind schlank,

haben eine Größe von 6 bis 8 cm und werden mit oder ohne Kraut angeboten. Sie sind besonders knackig und süß. Späte Möhrensorten, 10 bis 12 cm lang, kommen ab Oktober auf den Markt oder werden eingelagert.

Gesundheit

Die Möhre gilt als Gesundbrunnen schlechthin. Der bekannteste Inhaltsstoff ist das Carotin (Provitamin A). Es stärkt unsere Sehkraft, reinigt das Blut und unterstützt den Bräunungsprozess der Haut. Der süße Geschmack der Möhre ist auf den hohen Gehalt an Trauben-, Frucht- und Rohrzucker zurückzuführen. Die Möhre ist ein gut verträgliches Gemüse.

Anbau

Die Möhre ist heute auf der ganzen Welt verbreitet. In Deutschland, Österreich und in der Schweiz steht die Möhre in der Hitliste der Gemüse auf dem zweiten Platz, unmittelbar hinter der Tomate.

MÖHRENSALAT MIT KÜRBISKERNEN

- **500 g Möhren/Karotten**
- **3 EL Kürbiskerne**

Sauce

- **3 EL Zitronensaft**
- **1/2 TL flüssiger Blütenhonig**
- **Meersalz**
- **weißer Pfeffer aus der Mühle**
- **4 EL kaltgepresstes Distelöl**

1. Die Zutaten für die Sauce gut verrühren.

2. Die Möhren nach Belieben schälen und mit dem Gemüsehobel/der Röstiraffel direkt in die Sauce reiben. Die Kürbiskerne dazugeben. Gut mischen. Rund 15 Minuten ziehen lassen.

PFÄLZER-RÜBEN-SALAT MIT MINZE

- **500 g Pfälzer Rüben**
- **100 ml/1 dl frisch gepresster Orangensaft**
- **1 TL Meersalz**

Sauce

- **1 TL Aspretto di fragola**
- **1 EL getrocknete Pfefferminze**
- **Pfeffer aus der Mühle**
- **1 Prise Ingwerpulver**
- **1 Prise Kardamom**
- **Meersalz**
- **3 EL kaltgepresstes Distelöl**

1. Die Pfälzer Rüben nach Belieben schälen, in etwa 1 cm große Würfel schneiden.

2. Orangensaft, Salz und Pfälzer Rüben aufkochen, rund 20 Minuten auf kleinem Feuer garen. Etwas abkühlen lassen.

3. Die Zutaten für die Sauce gut verrühren.

4. Die Pfälzer Rüben samt Kochflüssigkeit mit der Sauce mischen. 10 Minuten ziehen lassen.

INDISCHE MÖHRENSUPPE

- **2 EL Butterschmalz/Bratbutter**
- **300 g Möhren/Karotten**
- **1 Apfel**
- **1 Zwiebel, fein gehackt**
- **1 Knoblauchzehe**
- **1 EL Ingwerpulver**
- **1 EL Currypulver**
- **1 l Gemüsebrühe**
- **Meersalz**
- **wenig Petersilie, fein gehackt**

1. Die Möhren zerkleinern. Den Apfel schälen, vierteln, entkernen und in Spalten schneiden.

2. Möhren, Äpfel, Zwiebeln und durchgepressten Knoblauch im Butterschmalz andünsten. Ingwer und Curry darüber stäuben, kurz mitdünsten. Mit der Gemüsebrühe ablöschen, aufkochen und auf kleinem Feuer 20 Minuten garen. Die Suppe pürieren.

3. Die Möhrensuppe aufkochen, abschmecken. Mit der Petersilie garnieren.

Tipp: Diese Suppe kann mit indischem Fladenbrot (Chapatis) serviert werden.

PIKANTE MÖHREN-ROULADE

für 8 bis 10 Portionen

Füllung

- **1/2 EL Butterschmalz/Bratbutter**
- **200 g Möhren/Karotten**
- **wenig Wasser**
- **150 g Vollmilchquark**
- **1/2 TL abgeriebene Schale einer unbehandelten Zitrone**
- **weißer Pfeffer aus der Mühle**
- **Meersalz**

Biskuitteig

- **4 Eigelb von Freilandeiern**
- **25 g weiche Butter**
- **80 ml/0,8 dl Möhren-/Karottensaft**
- **weißer Pfeffer aus der Mühle**
- **1 1/2 EL schwarzer Sesamsamen**
- **4 Eiweiß**
- **1/2 TL Meersalz**
- **175 g Dinkelvollkornmehl**
- **1 TL Weinsteinbackpulver**

1. Für die Füllung die Möhren nach Belieben schälen, zerkleinern und im Butterschmalz andünsten. Mit wenig Wasser ablöschen, aufkochen und auf kleinem Feuer 20 Minuten garen. Pürieren, etwas abkühlen lassen. Quark, Zitronengelb und Gewürze unter das Püree rühren.

2. Den Ofen auf 220 Grad vorheizen. Das Blech mit einem Backtrennpapier belegen.

3. Für das Biskuit Eigelb, Butter und Möhrensaft schaumig rühren. Die Sesamsamen darunter rühren. Mit Pfeffer

abschmecken. Das mit dem Salz steif geschlagene Eiweiß und das mit dem Backpulver gemischte Mehl abwechslungsweise unter die Eimasse ziehen.

4. Den Biskuitteig auf dem Backtrennpapier gleichmäßig zu einem 4 mm hohen Rechteck ausstreichen. Auf mittlerem Einschub 10 Minuten backen.

5. Das Biskuit auf ein Küchentuch stürzen, das Backtrennpapier vorsichtig abziehen, mit dem warmen Blech zudecken. 3 Minuten warten, danach die Füllung auf das Biskuit streichen. Vorsichtig aufrollen. Die Roulade rund 3 Stunden kühl stellen.

6. Etwa 10 Minuten vor dem Servieren die Roulade aus dem Kühlschrank nehmen und mit einem scharfen Messer 1 bis 1,5 cm dicke Scheiben schneiden.

Tipp: Die Roulade mit einem Klecks Avocadomousse garnieren, Seite 99.

PETERS MÖHREN-KARTOFFEL-PÜREE

- **400 g Möhren/Karotten**
- **400 g Kartoffeln**
- **100 g/1 dl Sahne/Rahm**
- **50 ml/0,5 dl Milch**
- **25 g Butter**
- **weißer Pfeffer aus der Mühle**
- **1 Prise geriebene Muskatnuss**
- **Meersalz**

1. Die Möhren nach Belieben schälen, die Kartoffeln schälen, zerkleinern. Das Gemüse im Dampf weich garen, rund 20 Minuten. Durch das Passetout/Passevite drehen.

2. Sahne, Milch und Butter erhitzen und nach und nach zum Möhren-/Kartoffel-Schnee geben. Achtung: Die Flüssigkeitsmenge kann je nach verwendeter Kartoffelsorte variieren. Der Schnee darf auf keinen Fall zu flüssig sein. Würzen.

Tipp: Dieses Gericht passt gut zu gedünstetem Gemüse und Saucenfleisch.

Abbildung Seite 32

PFÄLZER-RÜBEN-KUGELN AUF LAUCH

für etwa 24 walnussgroße Kugeln

Kugeln

- **150 g Naturreis**
- **300 ml/3 dl Wasser**
- **2 Pfälzer Rüben, nach Belieben geschält, sehr klein gewürfelt**
- **5 EL Vollmilchquark**
- **1 Freilandei**
- **4 EL Dinkelvollkornmehl**
- **1 Knoblauchzehe**
- **1 TL frisch geriebener Ingwer**
- **1/4 TL Kardamom**
- **1/4 TL Korianderpulver**
- **1 1/2 TL Currypulver**
- **1/2 TL Chilipulver**
- **1 TL Sojasauce**
- **1 Prise Vollrohrzucker**
- **Meersalz**

- **etwa 12 EL Sesamsamen**
- **30 g grüner Lauch, sehr fein gehackt**

Lauchgemüse

- **2 Pfälzer Rüben**
- **1 Lauch**
- **2 EL kaltgepresstes Olivenöl**
- **1 Chilischote, halbiert, entkernt, in Streifen**
- **1 EL Balsamessig**
- **Pfeffer aus der Mühle**
- **1 Prise Meersalz**

1. Den Reis in der heißen Pfanne kurz trocken rösten, das Wasser beifügen, aufkochen und 20 Minuten auf kleinem Feuer kochen lassen. Die Pfälzer Rüben zum Reis geben, den Deckel wieder aufsetzen, auf der ausgeschalteten Wärmequelle 20 Minuten quellen lassen. Quark, Ei, Mehl, durchgepressten Knoblauch und Gewürze unter den Reis rühren.

2. Sesamsamen und gehackten Lauch mischen.

3. Aus der Reismasse mit nassen Händen walnussgroße Kugeln formen. In den Sesamsamen wenden, beiseite stellen.

4. Für das Lauchgemüse die Pfälzer Rüben schälen, mit dem Sparschäler Streifen abziehen, den Rest fein würfeln. Den Lauch putzen, 2- bis 3-mal quer halbieren, dann längs in Streifen schneiden. Das Gemüse im Olivenöl kurz andünsten. Chilischoten und Balsamessig beifügen, mit Pfeffer und Salz würzen, warm stellen.

5. In einem Topf mit Siebeinsatz wenig Wasser aufkochen, die Kugeln im Siebeinsatz 10 Minuten dämpfen.

6. Das Lauchgemüse auf Tellern anrichten, die Kugeln darauf setzen.

Tipp: Mit verschiedenen Chutneys oder einem fruchtigen Curryfleisch servieren.

Abbildung: Pfälzer-Rüben-Kugeln auf Lauch

MÖHRENGERICHT MIT WEISSEN BOHNEN

- **100 g weiße Auskernbohnen**
- **1 Lorbeerblatt**

- **1 EL Butterschmalz/Bratbutter**
- **500 g Möhren/Karotten, gut gewaschen, mittelgroß gewürfelt**
- **150 ml/1,5 dl Wasser**

Sauce
- **2 EL kaltgepresstes Olivenöl**
- **1 kleine Zwiebel, fein gehackt**
- **1 Knoblauchzehe, fein gehackt**
- **250 g Tomaten aus dem Glas (Pelati)**
- **2–3 EL Wasser**
- **1 Prise Vollrohrzucker**
- **1 Prise Chilipulver**
- **1 TL Aspretto di fragola**
- **Meersalz**

1. Die Bohnen über Nacht in reichlich Wasser einweichen. Am nächsten Tag das Wasser weggießen. Die Bohnen in reichlich frischem Wasser zusammen mit dem Lorbeerblatt aufkochen, 50 bis 60 Minuten auf kleinem Feuer köcheln lassen. Das Wasser abgießen und das Lorbeerblatt entfernen.

2. Die Möhren im Butterschmalz andünsten. Das Wasser beifügen, aufkochen und auf kleinem Feuer 20 Minuten garen. Beiseite stellen.

3. Für die Sauce Zwiebeln und Knoblauch im Olivenöl andünsten. Die Tomaten und das Wasser dazugeben, aufkochen, die Gewürze beifügen. Die Sauce auf kleinem Feuer 20 Minuten köcheln lassen.

4. Die Bohnen und die Möhren zu der Sauce geben, aufkochen und abschmecken.

Tipp: Dieses Gericht passt sehr gut zu Polenta oder Knoblauchbrot.

MÖHRENEINTOPF

- **400 g Möhren/Karotten**
- **400 g Pfälzer Rüben**
- **1 EL Butterschmalz/Bratbutter**
- **1 Zwiebel, fein gehackt**
- **200 ml/2 dl Wasser**
- **1 Prise Vollrohrzucker**
- **1 Umdrehung weißer Peffer aus der Mühle**
- **Meersalz**

1. Möhren und Pfälzer Rüben nach Belieben schälen, schräg in feine Scheiben schneiden.

2. Zwiebeln, Möhren und Pfälzer Rüben im Butterschmalz andünsten, mit dem Wasser ablöschen, aufkochen und auf kleinem Feuer 15 Minuten knackig garen. Würzen.

Tipp: Dieses farblich sehr schöne Wintergemüse passt zu den verschiedensten Speisen. Es ist eine Variante zum einfachen Möhrengemüse.

PFÄLZER-RÜBEN-TORTE

für eine Springform von 24-26 cm Durchmesser

- **4 Eigelb von Freilandeiern**
- **120 g Vollrohrzucker**
- **1/2 unbehandelte Zitrone, abgeriebene Schale und Saft**
- **200 g Pfälzer Rüben**
- **1 Prise Nelkenpulver**
- **1 Prise Zimtpulver**
- **1 Prise Vanillepulver**
- **1 Briefchen Safranpulver**
- **200 g geriebene Walnüsse/ Baumnüsse**
- **50 g Vollkornmehl**
- **2 TL Weinsteinbackpulver**

- **4 Eiweiß**
- **1 Prise Meersalz**

1. Den Rand der Springform mit Butter einstreichen. Den Boden mit Backtrennpapier belegen.

2. Die Pfälzer Rüben nach Belieben schälen, mit der Bircher-Rohkostreibe fein reiben.

3. Ofen auf 180 Grad vorheizen.

4. Das Eigelb und den Vollrohrzucker schaumig rühren. Zitronengelb, Zitronensaft, Pfälzer Rüben, Gewürze und Nüsse darunter rühren.

5. Das Backpulver mit dem Mehl mischen, das Eiweiß mit dem Salz zu Schnee schlagen, abwechslungsweise unter die Rübenmasse ziehen. In die Form füllen.

6. Die Pfälzer-Rüben-Torte auf mittlerem Einschub 35 bis 40 Minuten backen.

Tipp: Wenn Sie die Torte nicht mit Puderzucker bestäuben möchten, so hilft ein einfacher Trick: Weißmehl geht ebenso gut. Niemand wird merken, dass es nicht Zucker ist!

MÖHRENSORBET

für 8 bis 10 Kugeln

- **400 ml/4 dl Möhren-/Karottensaft**
- **300 ml/3 dl frisch gepresster Orangensaft**
- **1 EL Zitronensaft**
- **1 TL abgeriebene Schale einer unbehandelten Zitrone**
- **6–7 EL flüssiger Blütenhonig**
- **1/4 TL Vanillepulver**

1. Alle Zutaten gut verrühren. In einer Eismaschine gefrieren lassen. Wenn die Sorbetmasse im Tiefkühler gefroren wird, öfters mit der Gabel rühren, damit sich keine großen Eiskristalle bilden können.

2. Vom Sorbet mit dem Eisportionierer Kugeln abstechen, in Dessertschalen servieren.

Tipp: Für eine Eiscreme nur 200 ml/ 2 dl Möhren-/Karottensaft und 150 ml/ 1,5 dl Orangensaft und 350 g/3,5 dl Sahne/Rahm nehmen.

Abbildung Seite 50

SÜSSER MÖHRENTRAUM

für 5–6 Souffléförmchen

- **150 ml/1,5 dl Wasser**
- **1 EL Blütenhonig**
- **300 g Möhren/Karotten, geschält und zerkleinert**
- **300 g/3 dl Sahne/Rahm**
- **4 TL Agar-Agar-Pulver**
- **6 EL Wasser**
- **1/2 unbehandelte Zitrone, abgeriebene Schale und Saft**
- **1 Prise Kardamom**
- **1 Prise Korianderpulver**
- **weißer Pfeffer aus der Mühle**

- **100 g dunkle Schokolade, zerbröckelt**
- **100 ml/1 dl Milch**
- **100 g/1 dl Sahne/Rahm**
- **1 1/2 TL Agar-Agar-Pulver**
- **2 EL Wasser**
- **1 EL Rum**
- **1 Prise Kaffeepulver**

Orangensauce

- **200 ml/2 dl frisch gepresster Orangensaft**
- **1 EL Zitronensaft**
- **2 EL Blütenhonig**
- **1 TL Pfeilwurzelmehl**

Abbildung:
Möhrensorbet (oben),
Rezept Seite 49
Süßer Möhrentraum
(unten)

1. Wasser, Honig und Möhren aufkochen, rund 20 Minuten auf kleinem Feuer garen. Die Sahne dazugeben. Pürieren.

2. Agar-Agar-Pulver im Wasser kurz quellen lassen, zum Möhrenpüree geben, aufkochen und 2 bis 3 Minuten auf kleinem Feuer köcheln lassen. Zitronengelb und Zitronensaft mit den übrigen Gewürzen darunter rühren. Die Möhrenmasse in die Souffléförmchen füllen. Masse halbfest werden lassen.

3. Schokolade, Milch und Sahne auf kleinem Feuer unter ständigem Rühren erhitzen (nicht kochen).

4. Agar-Agar-Pulver im Wasser kurz quellen lassen, unter die Schokolademasse rühren und aufkochen. Rum und Kaffeepulver dazugeben, 2 bis 3 Minuten auf kleinem Feuer köcheln lassen.

5. Die Souffléförmchen mit der Schokoladecreme auffüllen und 4 bis 5 Stunden kühl stellen.

6. Für die Orangensauce sämtliche Zutaten aufkochen, auskühlen lassen.

7. Die Souffléförmchen 10 Minuten vor dem Anrichten aus dem Kühlschrank nehmen. Den Rand mit einem Messer sorgfältig lösen und die Köpfchen direkt auf die Teller stürzen. Mit der Orangensauce umgießen und nach Belieben mit Schokoladespänen garnieren.

PASTINAKE

Synonyme
Balsternak, Pasterna, Moorwurzel, Germanenwurzel, Hirschhornröhre, Hammelsmöhre, Welscher Persil.

Familie
Die Pastinake (Pastinaca sativa) gehört zur Familie der Doldengewächse. Ihr Name ist lateinischen Ursprungs. Es wird angenommen, dass die Pastinake aus einer Kreuzung von Möhre und Petersilie entstanden ist.

Herkunft
Die Wildform der Pastinake ist in ganz Europa sowie in Asien, vom Kaukasus bis nach Sibirien, verbreitet. Sie gehört zu den ältesten Sammelpflanzen der eurasischen Urbevölkerung.

In der Nordostschweiz und in Südwestdeutschland wurden Früchte der Pflanze aus der Jungsteinzeit gefunden.

Angebaut wurde die Pastinake erstmals in Italien. Von dort aus gelangte sie in die Schweiz und nach Deutschland. Als Kulturpflanze erfreute sie sich bis ins 18. Jahrhundert großer Beliebtheit. Danach wurde sie in Mitteleuropa von der Kartoffel, der Möhre und dem Sellerie verdrängt.

Botanik
Die Pastinake wird im Frühjahr gesät und erst nach dem ersten Frost geerntet, erst dann hat sie ihr Aroma voll entwickelt. Die Wurzel ist winterhart. Die Pastinake wird 20 bis 30 cm lang und kann einen Durchmesser von 5 bis 8 cm erreichen. Die Wurzel ist ein Leichtgewicht, wiegt sie doch nur rund 300 Gramm. Die Haut ist elfenbeinfarben, mit dunkelbraunen, feinen, ringähnlichen Vertiefungen. Das Wurzelfleisch ist ebenfalls elfenbeinfarben, am Wurzelende ist es fest und wird gegen den Wurzelkopf immer faseriger.

Inhaltsstoffe
Die Pastinake hat einen hohen Nährwert. Der Kohlenhydratanteil liegt bei 2,9%. Weitere Inhaltsstoffe sind Eiweiß, Fett, Kalium, Phosphor, Kalzium und Magnesium. Der hohe Gehalt an ätherischen Ölen (1,5 bis 3,6%) ist

verantwortlich für den intensiven, aromatischen, leicht süßlichen Geschmack, der zwischen Möhre und Knollensellerie liegt. Die Pastinake zeichnet sich durch ihre gute Verträglichkeit aus und eignet sich wie die Möhre für die Kleinkinderernährung.

Küche

England, Frankreich, Skandinavien und USA sind wichtige Anbaugebiete der Pastinake; sie gilt in diesen Ländern im Winter als Feinschmeckergemüse. In Mitteleuropa wird sie vor allem für die Nahrungsmittelindustrie kultiviert, welche die Wurzel für Babynahrung, Trockengemüse in Fertigsuppen oder für Gemüsemischungen verwendet.

PASTINAKENSALAT AN JOGURTSAUCE

- **300 g Pastinaken, geschält**
- **1 Apfel**
- **1 1/2 EL Kürbiskerne**

Sauce

- **3 EL Zitronensaft**
- **3 EL Apfelsaft**
- **1 Prise Currypulver**
- **Meersalz**
- **100 g Jogurt natur**
- **1 EL kaltgepresstes Sonnenblumenöl**

1. Die Zutaten für die Sauce gut verrühren.

2. Die Pastinaken und den Apfel mit dem Gemüsehobel/der Röstiraffel direkt in die Sauce hobeln. Gut mischen. Die Kürbiskerne darunter rühren.

PASTINAKENSALAT MIT GRAPEFRUIT

- **250 g Pastinaken**
- **1 rosa Grapefruit**
- **2 EL Sultaninen**

Sauce

- **2 EL Zitronensaft**
- **1 EL Weißweinessig**
- **Meersalz**
- **weißer Pfeffer aus der Mühle**
- **4 EL kaltgepresstes Sonnenblumenöl**

1. Die Zutaten für die Sauce gut verrühren.

2. Die Pastinaken schälen und in Stäbchen schneiden oder mit dem Gemüsehobel/der Röstiraffel direkt in die Sauce hobeln, immer wieder mit der Sauce mischen, damit sich die Pastinaken nicht braun verfärben.

3. Die Grapefruit kappen, von oben nach unten großzügig schälen. Mit einem scharfen Messer den Häutchen entlang schneiden und die Schnitze herauslösen. Die Grapefruitschnitze quer halbieren, mit den Sultaninen unter den Salat mischen.

Tipp: Dieser Salat sieht besonders schön aus auf Brüsseler Endivie/weißem Chicorée.

LAUWARMER PASTINAKENSALAT

- **4 mittlere Pastinaken**
- **1 EL Butterschmalz/Bratbutter**
- **200 ml/2 dl Apfelsaft**
- **2 EL Obstessig**
- **2 EL kaltgepresstes Sonnenblumenöl**
- **weißer Pfeffer aus der Mühle**
- **Meersalz**

1. Die Pastinaken gut waschen, samt Schale in feine Scheiben hobeln oder schneiden.

2. Die Pastinaken im Butterschmalz andünsten, den Apfelsaft beifügen, aufkochen und etwa 8 Minuten auf kleinem Feuer knapp weich garen. Den Essig und das Öl darunter rühren. Würzen. Sofort servieren.

Tipp: Diesen Salat für eine Vorspeise auf kurz gedämpftem Lauch anrichten.

PASTINAKENCHIPS

- **500 g Pastinaken**
- **1/2 l Fritieröl (Erdnussöl)**
- **Meersalz**
- **Currypulver**

1. Die Pastinaken gut waschen, samt Schale in feine Scheiben hobeln oder schneiden.

2. Das Fritieröl auf 180 bis 200 Grad erhitzen, die Pastinaken im Öl in kleinen Portionen 3 bis 5 Minuten knusprig fritieren.

3. Pastinackenchips auf Küchenpapier abtropfen lassen. Würzen und sofort servieren.

Tipp: Diese Chips können zum Aperitif gereicht werden. Sie eignen sich auch als Garnitur für einen Rohkostsalat oder als besondere Beilage.

Wichtig: Chips sofort servieren! Nach 15 Minuten fallen sie zusammen und schmecken «ölig».

Friteuse: Wer keine Friteuse hat, kann einen Gusseisentopf (Brattopf) verwenden. Wichtig: Das Fritieröl nicht rauchendheiß werden lassen und wegen Brandgefahr immer einen Deckel neben den Topf legen. Nicht zu große Portionen auf einmal fritieren, da sich sonst das Öl zu stark abkühlt und zu schäumen beginnt.

Abbildung:
Pastinakenchips (oben)
Pastinaken-Lauch-Nester (unten), Rezept Seite 56

EINFACHES PASTINAKEN-GEMÜSE

- **1 EL Butterschmalz/Bratbutter**
- **1 Zwiebel, fein gehackt**
- **800 g Pastinaken, gut gewaschen und gewürfelt**
- **50 ml/0,5 dl Weißwein**
- **50 ml/0,5 dl Wasser**
- **1 Lorbeerblatt**
- **Meersalz**
- **weißer Pfeffer aus der Mühle**
- **1 TL Weißweinessig**

1. Die Zwiebeln und die Pastinaken im Butterschmalz andünsten, mit dem Weißwein und dem Wasser ablöschen, das Lorbeerblatt beifügen. Die Pastinaken aufkochen und 10 Minuten auf kleinem Feuer köcheln lassen. Das Lorbeerblatt entfernen. Mit Salz und Pfeffer würzen und dem Essig abschmecken.

PASTINAKEN-LAUCH-NESTER

- **200 g Pastinaken**
- **200 g grüner Lauch**
- **1 EL Butterschmalz/Bratbutter**
- **1 TL grob gehackte Rosmarinnadeln**
- **Pfeffer aus der Mühle**
- **Meersalz**

- **Haushaltmehl**
- **2 Freilandeier, verquirlt**
- **Butterschmalz/Bratbutter**

1. Die Pastinaken schälen, mit dem Kartoffelschäler/Sparschäler möglichst lange Streifen abziehen. Den Lauch putzen, längs halbieren und längs in Streifen schneiden.

2. Die Pastinaken im Butterschmalz andünsten, mit einigen Esslöffeln Wasser ablöschen, aufkochen und auf kleinem Feuer 4 Minuten köcheln lassen. Würzen. Die Lauchstreifen dazugeben und weitere 2 Minuten köcheln lassen.

3. Das Gemüse wie Spagetti portionsweise mit einer Gabel aufrollen, ins Ei tauchen und im Mehl wenden. Im Butterschmalz langsam beidseitig braten.

Tipp: Diese Gemüsenester sind sehr dekorativ und schmecken ausgezeichnet mit einer feinen Tomatensauce und Wildreis.

Abbildung Seite 55

ENGLISCHES PASTINAKENMUS

- **1 EL Butterschmalz/Bratbutter**
- **1 Zwiebel, fein gehackt**
- **400 g Pastinaken, gut gewaschen und zerkleinert**
- **1 Lorbeerblatt**

- **50 ml/0,5 dl Milch**
- **50 ml/0,5 dl Wasser**
- **Meersalz**
- **evtl. 1 EL Butter**

1. Die Pastinaken und die Zwiebeln im Butterschmalz andünsten. Mit wenig Wasser ablöschen, das Lorbeerblatt beifügen, aufkochen und auf kleinem Feuer 12 Minuten köcheln lassen. Das Lorbeerblatt entfernen, das Gemüse durch das Passetout/Passevite drehen.

2. Das Gemüsepüree mit der Milch und dem Wasser aufkochen. Nach Belieben würzen, mit der Butter verfeinern.

PASTINAKEN-PUFFER

- **400 g Pastinakenmus, nebenan, ungesalzen**

- **2 Freilandeier**
- **50 g Dinkelvollkornmehl**
- **50 g geriebener Greyerzer Käse**
- **1 Knoblauchzehe**
- **1/2 TL edelsüßes Paprikapulver**
- **Pfeffer aus der Mühle**
- **Meersalz**

- **Butterschmalz/Bratbutter**

1. Freilandeier, Mehl und Käse unter das Pastinakenpüree rühren. Den Knoblauch dazupressen. Würzen.

2. Das Butterschmalz in einer Bratpfanne erhitzen. Von der Pastinakenmasse mit einem Eisportionierer Kugeln abstechen, flach drücken. Die Burger im Butterschmalz beidseitig langsam braten.

Tipp: Mit einer Käse- oder einer Chilisauce servieren.

PASTINAKEN-GUGELHUPF

für eine Gugelhupfform von 2 l Inhalt

- **10 entsteinte getrocknete Pflaumen**
- **2 EL Rum**

- **300 g Pastinaken, geschält und gewürfelt**
- **100 ml/1 dl Apfelsaft**

Teig

- **110 g Butter**
- **160 g Vollrohrzucker**
- **5 Eigelb von Freilandeiern**
- **1 unbehandelte Zitrone, abgeriebene Schale und Saft**
- **250 ml/2,5 dl Milch**
- **1 Prise Zimtpulver**
- **1 Prise Nelkenpulver**
- **1 Prise Pfeffer aus der Mühle**
- **400 g Dinkelvollkornmehl**
- **3 EL phosphatfreies Backpulver**
- **5 Eiweiß**
- **1 Prise Meersalz**

1. Die Pflaumen grob hacken und über Nacht im Rum einlegen.

2. Die Gugelhupfform einbuttern und mit Mehl bestäuben.

3. Die Pastinaken und den Apfelsaft aufkochen, 10 Minuten auf kleinem Feuer köcheln lassen. Pürieren.

4. Den Ofen auf 180 Grad vorheizen.

5. Für den Teig Butter, Zucker und Eigelb luftig rühren. Pastinakenpüree, Pflaumen, Zitronengelb, Zitronensaft und Milch darunter rühren. Die Gewürze beifügen.

6. Das Mehl und das Backpulver mischen, das Eiweiß mit der Prise Salz zu Schnee schlagen, abwechslungsweise unter den Teig ziehen. In die Gugelhupfform füllen.

7. Den Gugelhupf auf mittlerem Einschub 90 Minuten backen.

PASTINAKENCREME

- **220 g Pastinaken, geschält und gewürfelt**
- **100 ml/1 dl Apfelsaft**

- **200 g Vollmilchquark**
- **75 ml/0,75 dl Apfelsaft**
- **2 EL Akazienhonig**
- **1 TL Zitronensaft**

1. Die Pastinaken und den Apfelsaft aufkochen, 10 Minuten auf kleinem Feuer köcheln lassen. Die Pastinaken samt Flüssigkeit pürieren, erkalten lassen.

2. Quark, Apfelsaft, Honig und Zitronensaft gut verrühren, das Pastinakenpüree darunter rühren.

Tipp: Die Creme mit einer Hagebuttensauce (im Handel erhältlich) servieren. Oder eine Hagebuttenmarmelade mit wenig Zitronensaft und Wasser verrühren.

Abbildung:
Pastinaken-Gugelhupf (oben)
Pastinakencreme (unten)

PETERSILIENWURZEL

Synonyme
Wurzelpetersilie, Hirschmöhre.

Familie
Die Petersilienwurzel (Petroselinum crispum ssp. tuberosum) gehört zur Familie der Doldenblütler.

Geschichte
Die Heimat der Petersilienarten liegt im südöstlichen Mittelmeerraum. Die alten Griechen betrachteten die Petersilie als heiliges Kraut, das in der Küche nichts zu suchen hatte. In der Medizin wurde es als harntreibendes und blutreinigendes Mittel eingesetzt. Mit den Römern kam die Petersilie in den germanischen Raum, wo sie schnell als Würzmittel entdeckt wurde.
Die Petersilienwurzel fristet im Gegensatz zu ihren populären Artgenossinnen), der Blatt- und Krautpetersilie, ein Mauerblümchendasein. Was die zwei Grünblättrigen an Würze im Sommer bringen, bringt die Wurzel im Winter.

Botanik
Die Wurzel wird 6 bis 12 cm lang und wird ab Oktober geerntet. Das Kraut ist etwas größer als dasjenige der Blattpetersilie. Die Wurzel ist konisch und elfenbeinfarben. Sie sieht der Pastinake ähnlich, ist allerdings kleiner und hat am Blattansatz keine Vertiefungen. Ihr herber Geschmack erinnert an Möhren, Sellerie, Pastinaken und natürlich an Petersilie.

Inhaltsstoffe
«Apiol», ein ätherisches Öl, gibt der Wurzel den charakteristischen Geruch und Geschmack. Je nach Anbauart oder Anbauort kann der Gehalt sehr stark variieren. Bemerkenswert ist zudem der hohe Gehalt an Eiweiß, Kalzium und Eisen sowie an den Vitaminen C, A, B_1, B_2, E, Folsäure und Provitamin A.

Anbau
Die Petersilienwurzeln werden heute in Mittel-, Ost- und Nordeuropa in kleineren Mengen angebaut. Sie sind für den Frischmarkt, für die Einlagerung

und für die Herstellung von getrockneten Gewürzen bestimmt. In den Wintermonaten werden sie zudem auf den regionalen Märkten verkauft.

Petersilienwurzel-Salat

- **500 g Petersilienwurzel, gut gewaschen**

Sauce
- **6 EL Zitronensaft**
- **3 EL Apfelsaft**
- **1/2 TL Kardamom**
- **1/2 TL Anis**
- **2 Prisen weißer Pfeffer aus der Mühle**
- **Meersalz**
- **8 EL kaltgepresstes Distelöl**

- **6 EL Kokosflocken**
- **8 EL Wasser**

1. Die Kokosflocken im Wasser 10 Minuten quellen lassen.

2. Die Zutaten für die Sauce gut verrühren. Die Kokosflocken darunter rühren.

3. Die Petersilienwurzeln mit der Bircher-Rohkostreibe oder dem Gemüsehobel/der Röstiraffel direkt in die Sauce reiben respektive hobeln. Gut mischen.

Tipp: Dieser süßlich-würzige Salat harmoniert ausgezeichnet mit Zuckerhut.

Petersilienwurzel-Cremesuppe

- **1 TL Butterschmalz/Bratbutter**
- **200 g Petersilienwurzel, gut gewaschen und zerkleinert**
- **1 Zwiebel, fein gehackt**
- **1/2 l Wasser**
- **200 ml/2 dl Milch**
- **Meersalz**
- **weißer Pfeffer aus der Mühle**
- **1 Sträußchen Petersilie, fein gehackt**

1. Die Petersilienwurzeln mit den Zwiebeln im Butterschmalz andünsten, mit dem Wasser und der Milch ablöschen, aufkochen und auf kleinem Feuer 15 Minuten köcheln lassen. Die Suppe pürieren. Würzen.

2. Petersilienwurzel-Cremesuppe anrichten, die Petersilie darüber streuen.

Pikant gefüllte Ofenküchlein

für 8 Ofenküchlein

Brandteig
- **200 ml/2 dl Wasser**
- **2 Prisen Meersalz**
- **50 g Butter**
- **100 g Dinkelvollkornmehl**
- **2 EL schwarze Sesamsamen**
- **2 Freilandeier**

Füllung
- **200 g Magerquark**
- **80 g Petersilienwurzeln, gut gewaschen**
- **1 Prise Currypulver**
- **Pfeffer aus der Mühle**
- **Meersalz**
- **1/2 TL kaltgepresstes Walnussöl/Baumnussöl**
- **50 g/0,5 dl Sahne/Rahm**

- **60 g Petersilienwurzeln, geschält und klein gewürfelt (Brunoise)**

1. Für den Brandteig Wasser, Salz und Butter aufkochen, Dinkelmehl und Sesamsamen im Sturz dazugeben, unter Rühren weiterkochen lassen, bis sich ein Kloß gebildet hat. Die Pfanne von der Wärmequelle nehmen, den Teig etwas auskühlen lassen. Die Eier darunter rühren.

2. Den Ofen auf 180 Grad vorheizen.

3. Vom Teig mit zwei Teelöffeln Klößchen abstechen und auf das Blech setzen, oder den Teig in einen Spritzbeutel füllen und Häufchen auf das Blech setzen.

4. Die Ofenküchlein auf mittlerem Einschub 45 Minuten backen. Auskühlen lassen.

5. Für die Füllung den Magerquark glatt rühren. Die Petersilienwurzeln mit der Bircher-Rohkostreibe direkt zum Quark reiben. Würzen. Das Walnussöl und die geschlagene Sahne darunter ziehen.

6. Die Ofenküchlein mit einer Schere aufschneiden und mit der Quarkmasse füllen. Auf Tellern anrichten und mit den Petersilienwürfelchen garnieren.

Abbildung:
Rosenkohl mit Petersilienwurzeln (oben), Rezept Seite 65
Pikant gefüllte Ofenküchlein (unten)

PETERSILIENWURZEL AN VINAIGRETTE

- **300 g Petersilienwurzel**
- **1 Möhre/Karotte**

Vinaigrette
- **2 EL Rotweinessig**
- **1/2 EL Balsamessig**
- **1 EL getrockneter Estragon**
- **Pfeffer aus der Mühle**
- **1 Prise Chilipulver**
- **1 Prise Zimtpulver**
- **Meersalz**
- **4 EL kaltgepresstes Olivenöl**
- **2 EL kaltgepresstes Distelöl**

1. Die Petersilienwurzeln schälen und in etwa 4 cm lange dünne Stäbchen schneiden. Die Möhre schälen und klein würfeln.

2. Die Petersilienwurzeln im Dampf 3 Minuten garen, die Möhrenwürfelchen dazugeben und 2 Minuten mitgaren. Die Pfanne von der Wärmequelle nehmen.

3. Die Zutaten für die Vinaigrette sämig rühren.

4. Das Gemüse mit der Vinaigrette mischen, 30 Minuten ziehen lassen.

NUDELN AN PETERSILIEN-MORCHEL-SAUCE

Sauce
- **8 g getrocknete Morcheln**
- **300 ml/3 dl Wasser**

- **1 EL Butterschmalz/Bratbutter**
- **200 g Petersilienwurzeln, gut gewaschen und klein gewürfelt**
- **300 ml/3 dl Wasser**

- **1 1/2 EL Pfeilwurzelmehl**
- **100 ml/1 dl Morchelwasser**
- **1 EL roter Portwein**
- **100 g/1 dl Sahne/Rahm**
- **1 Umdrehung Pfeffer aus der Mühle**
- **1 Prise Chilipulver**
- **Meersalz**

- **400 g grüne Bandnudeln**

1. Die Morcheln 45 Minuten im Wasser einlegen, abgießen und das Wasser auffangen. Pilze aufschlitzen, damit sie auch innen unter fließendem Wasser gereinigt werden können.

2. Die Petersilienwurzeln im Butterschmalz andünsten, mit dem Wasser ablöschen, auf kleinem Feuer 3 Minuten kochen lassen.

3. Das Pfeilwurzelmehl mit dem Morchelwasser verrühren, zusammen mit den Morcheln zu den Petersilienwurzeln geben, aufkochen und ein paar Minuten köcheln lassen. Den Portwein und die Sahne dazugeben, wenig einköcheln lassen. Die Sauce würzen.

4. Die Nudeln im Salzwasser al dente kochen. Mit der Sauce mischen.

ROSENKOHL MIT PETERSILIENWURZELN

- **500 g Petersilienwurzeln, gut gewaschen**
- **250 g Rosenkohl**
- **1 Zwiebel, fein gehackt**
- **2 EL Butterschmalz/Bratbutter**
- **200 ml/2 dl Wasser**
- **1 Lorbeerblatt**
- **1 EL grob gehackte Rosmarinnadeln**
- **Pfeffer aus der Mühle**
- **Meersalz**
- **1 EL kaltgepresstes Walnussöl/ Baumnussöl**

1. Petersilienwurzeln in 15 mm große Würfel schneiden. Den Rosenkohl putzen, je nach Größe die Röschen ganz lassen oder halbieren.

2. Zwiebeln, Petersilienwurzeln und Rosenkohl im Butterschmalz andünsten, mit dem Wasser ablöschen, aufkochen. Das Lorbeerblatt beifügen, würzen. Auf kleinem Feuer 10 bis 15 Minuten köcheln lassen.

3. Das Lorbeerblatt entfernen. Eventuell nachwürzen, abschmecken mit dem Walnussöl.

Tipp: Dieses Gemüse passt zu Bratkartoffeln, Mais oder/und Saucenfleisch.

Abbildung Seite 63

SAFRANRISOTTO MIT PETERSILIENWURZELN

- **200 g Rundkorn-Naturreis**
- **300 ml/3 dl Wasser**

- **1 EL Butterschmalz/Bratbutter**
- **1 Zwiebel, fein gehackt**
- **2 Knoblauchzehen, fein gehackt**
- **150 g Petersilienwurzeln, gut gewaschen, zerkleinert**
- **200 ml/2 dl Gemüsebrühe**

- **200 ml/2 dl Weißwein**
- **2 Briefchen Safranpulver**
- **2 Umdrehungen Pfeffer aus der Mühle**
- **Meersalz**

- **70 g geriebener Parmesankäse**

1. Den Naturreis im heißen Topf unter ständigem Rühren erhitzen, das Wasser dazugeben, aufkochen und auf kleinem Feuer 30 Minuten köcheln lassen. Den Reis auf der ausgeschalteten Wärmequelle zugedeckt 30 Minuten quellen lassen.

2. Zwiebeln, Knoblauch und Petersilienwurzeln im Butterschmalz andünsten, mit der Gemüsebrühe ablöschen, aufkochen und 8 Minuten auf kleinem Feuer köcheln lassen.

3. Reis und Safran zum Gemüse geben, aufkochen, den Weißwein nach und nach dazugeben, weiterköcheln lassen, bis der Risotto von sämiger Konsistenz ist. Würzen. Eventuell etwas Parmesan unter den Risotto rühren, den Rest separat servieren.

BERNER LAMMRAGOUT MIT PETERSILIENWURZELN

- **2 EL Distelöl**
- **400 g Lammragout**
- **2 EL Haushaltmehl**
- **100 ml/1 dl Weißwein**
- **100 ml/1 dl Wasser**
- **1 Briefchen Safranpulver**
- **2 Umdrehungen Pfeffer aus der Mühle**
- **Meersalz**
- **200 g Petersilienwurzeln, gut gewaschen und zerkleinert**
- **4 EL Sahne/Rahm**

1. Das Lammragout im Distelöl scharf anbraten, mit dem Mehl bestäuben. Mit dem Weißwein ablöschen, etwas verdunsten lassen, dann das Wasser dazugießen. Würzen. Das Fleisch auf mittlerem Feuer 60 Minuten garen.

2. Die Petersilienwurzeln zum Fleisch geben, nochmals 15 Minuten garen. Mit der Sahne verfeinern.

Tipp: Zu diesem Gericht passen Bratkartoffeln und ein Kohlgericht.

Abbildung: Berner Lammragout mit Petersilienwurzeln

SCHNELLE WURZELBURGER

für 8 bis 10 Burger

- **10 EL grobe Haferflocken**
- **50 ml/0,5 dl Wasser**
- **100 g Petersilienwurzeln, gut gewaschen**
- **100 g Vollmilchquark**
- **25 g geriebener Greyerzer Käse**
- **2 EL fein gehackte Petersilie**
- **Pfeffer aus der Mühle**
- **Meersalz**

- **Butterschmalz/Bratbutter**

1. Die Haferflocken 15 Minuten im Wasser einweichen.

2. Die Petersilienwurzeln mit der Bircher-Rohkostreibe reiben.

3. Petersilienwurzeln, Quark, Käse, Petersilie und eingeweichte Haferflocken gut vermengen. Mit Pfeffer und Salz würzen.

4. Von der Masse mit nassen Händen etwa 4,5 cm große Kugeln formen, flach drücken und 30 Minuten ruhen lassen. Im Butterschmalz beidseitig goldbraun braten.

Wichtig: Der Quark hat in diesem Rezept die Funktion eines Bindemittels. Er hat die Eigenschaft, erst nach 30 Minuten zu binden. Wenn Sie die Burger vorher braten, kann es sein, dass sie auseinander fallen.

Tipp: Zu diesem Gericht passt eine feine Tomatensauce, eine milde Currysauce oder eine Kräutersahnesauce.

Süsser Petersilien-wurzel-Apfel-Kuchen

für eine runde Form von 24–26 cm Durchmesser

Kuchenteig
- **200 g Dinkelvollkornmehl**
- **$1/4$ TL Meersalz**
- **2 EL Vollrohrzucker**
- **50 g kalte Butter**
- **4–5 EL Wasser**

Kuchenguss
- **200 ml/2 dl Milch**
- **100 g/1 dl Sahne/Rahm**
- **2 EL Dinkelvollkornmehl**
- **2 Freilandeier**
- **4 EL flüssiger Blütenhonig**
- **1 EL abgeriebene Schale einer unbehandelten Zitrone**
- **2 Prisen Zimtpulver**
- **2 Prisen Vanillepulver**
- **1 Prise Nelkenpulver**

- **3 EL geriebene Haselnüsse**

- **200 g Petersilienwurzeln**
- **5 mittlere Boskop-Äpfel**

- **200 g/2 dl Sahne/Rahm**
- **2 EL Haselnussmus**
- **$1\,1/2$ EL flüssiger Blütenhonig**
- **2–3 EL Baileys (Whisky-Sahne-Likör)**

1. Mehl, Salz und Zucker mischen. Die Butter in kleine Stücke schneiden, mit dem Mehl gleichmäßig verreiben. Mit dem Wasser zu einem Teig zusammenfügen. Den Teig zwischen zwei Klarsichtfolien auf Blechgröße ausrollen. Eine Klarsichtfolie entfernen, den Teig in die gebutterte Form stürzen, die zweite Klarsichtfolie entfernen. Kühl stellen.

2. Für den Kuchenguss sämtliche Zutaten gut verrühren.

3. Ofen auf 180 Grad vorheizen.

4. Die Petersilienwurzeln schälen und mit der Bircher-Rohkostreibe fein reiben. Die Äpfel samt Schale ebenfalls reiben.

5. Den Teigboden mit einer Gabel mehrere Male einstechen, mit den Haselnüssen bedecken. Die Petersilienwurzeln und die Äpfel darauf verteilen und den Guss darüber gießen.

6. Den Kuchen im vorgeheizten Ofen 20 bis 30 Minuten backen. Erkalten lassen.

5. Sahne, Haselnussmus, Honig und Baileys steif schlagen. In einen Spritzbeutel füllen und den Kuchen damit garnieren.

Achtung: Für dieses Rezept die Petersilienwurzel unbedingt degustieren. Es eignet sich nur eine milde, süßliche Sorte.

ROTE BETE / RANDE

Synonyme
Rote Rübe, Salatbete, Salatrübe, Runkelrübe, Rahne, Rohne, Roter Rettich, Rotmöhre, Betarübe.

Familie
Die Rote Bete (Beta vulgaris) gehört zur Familie der Gänsefußgewächse.

Herkunft
Die Rote Bete und der Mangold sowie die Futter- und Zuckerrübe stammen von der sehr formenreichen Meerstrandrübe oder dem Seemangold (Beta vulgaris maritima) ab. Sie sind hauptsächlich in den Ländern um das Mittelmeer und in den zentralen- und nordasiatischen Steppen- und Wüstengebieten heimisch.

Geschichte
Kultiviert wurde die Betarübe bereits von den alten Griechen, Römern und Ägyptern. Sie war schon damals eine vielgelobte Gemüse- und Heilpflanze. Berichte vom ersten Anbau in Deutschland stammen aus dem 13. Jahrhundert. Die heutigen Kulturformen sind jedoch erst im 19. und 20. Jahrhundert entstanden. Der schweizerische Name «Rande» soll ganz praktischen Ursprungs sein, und zwar haben die Bauern die Wurzel nur an Feldrändern (Rand → Rande) gepflanzt.

Botanik
Die meisten Sorten sind rund und wiegen zwischen 100 und 600 Gramm, die länglichen Sorten sind im Handel selten erhältlich. Praktisch unbekannt sind die weißen und gelben Rote-Bete-Sorten, die keinen roten Farbstoff (Betanin) enthalten. Die fleischigen Blätter der früh geernteten Roten Bete sind zart und können wie Mangold zubereitet werden.

Inhaltsstoffe
Die Roten Beten sind äußerst gesund. Der rote Farbstoff verbessert die Zellatmung und wirkt sich günstig auf die körperliche und geistige Leistung aus. Die Wurzel ist harntreibend, fördert die Ausscheidung von Harnsäure und steigert die Abwehr. In verschiedenen

alternativen Krebstherapien spielt die Rote Bete eine nicht unwesentliche Rolle. Wie fast alle Wurzelgemüse enthält sie viel Kalium, Natrium, Phosphor, Magnesium und Eisen. Neben der angenehmen Süße hat die rohe Knolle einen leicht kratzenden, seifigen Geschmack, der auf die Oxalsäure zurückzuführen ist.

Anbau

Die Rote Bete wird heute in allen Ländern mit gemäßigtem Klima angebaut und ist das ganze Jahr über erhältlich. Von Ende Mai bis Mitte August können junge Rote Beten von 3 bis 5 cm Durchmesser samt Kraut gekauft werden, danach werden sie meist ohne Blattwerk, gekocht und ungekocht, angeboten. Der Rote-Bete-Saft wird übrigens als natürlicher Farbstoff vielen Lebensmitteln (z. B. Erdbeerjogurt) zugesetzt.

ROTE-BETE-SALAT MIT WEISSEN BOHNEN

- **100 g weiße Auskernbohnen**
- **2 Lorbeerblätter**
- **1 große Rote Bete/Rande, gekocht**

Sauce

- **2 EL Rotweinessig**
- **1 TL Basilikum**
- **1/2 TL Thymian**
- **1 Umdrehung Pfeffer aus der Mühle**
- **4 EL kaltgepresstes Olivenöl**
- **1 Knoblauchzehe**

1. Die weißen Bohnen über Nacht in reichlich Wasser einlegen, das Wasser am nächsten Tag weggießen. Die Bohnen in reichlich frischem Wasser mit den Lorbeerblättern aufsetzen, aufkochen und auf kleinem Feuer 50 bis 60 Minuten garen. Die Lorbeerblätter machen die Bohnen leichter verdaulich. Die Bohnen abgießen und vollständig erkalten lassen.

2. Die Zutaten für die Sauce gut verrühren. Den Knoblauch dazupressen.

3. Die Roten Beten schälen und in 1 cm große Würfel schneiden.

4. Die Bohnen und die Roten Beten mit der Sauce mischen, 30 Minuten ziehen lassen.

Tipp: Dieser Salat ist auf jedem Salatteller ein Farbtupfer.

ROTE-BETE-SALAT MIT LINSENSPROSSEN

- **250 g Rote Beten/Randen**
- **180 g Linsensprossen**
- **50 g Greyerzer Käse, klein gewürfelt**

Sauce
- **1 EL Rotweinessig**
- **1 EL Balsamessig**
- **1 Umdrehung Pfeffer aus der Mühle**
- **1 TL Provencekräuter**
- **Meersalz**
- **3 EL kaltgepresstes Olivenöl**

1. Zutaten für die Sauce verrühren.

2. Die Roten Beten mit dem Gemüsehobel/der Röstiraffel direkt in die Sauce hobeln. Gut mischen. Die Linsensprossen und die Käsewürfel dazugeben, mischen.

Abbildung Seite 23

ROTE-BETE-SALAT MIT ÄPFELN

- **3 mittlere rohe Rote Beten/ Randen**
- **1 kleiner Apfel**

Sauce
- **4 EL Zitronensaft**
- **Meersalz**
- **1 Umdrehung Pfeffer**
- **3 EL kaltgepresstes Olivenöl**
- **1 Knoblauchzehe**

1. Die Zutaten für die Sauce gut verrühren. Den Knoblauch dazupressen.

2. Die Roten Beten schälen. Rote Beten und Apfel mit der Bircher-Rohkostreibe direkt in die Sauce reiben. Gut mischen.

Tipp: Auf grünem Salat kommt die intensive Farbe des Rote-Bete-Salats besonders gut zur Geltung.

ROTE-BETE-COCKTAIL

- **200 ml/2 dl Rote-Bete-/Randensaft**
- **50 ml/0,5 dl Holunderblütensirup**
- **100 ml/1 dl roter Portwein**
- **2 EL Zitronensaft**
- **$^1/_4$ TL Zimtpulver**
- **2 Prisen geriebene Muskatnuss**

- **350 ml/3,5 dl Mineralwasser**
- **4–8 Eiswürfel**
- **4 Zitronenscheiben**

1. Rote-Bete-Saft, Sirup, Portwein, Zitronensaft und Gewürze verquirlen.

2. Den Saft in vier Champagnergläser füllen und mit Mineralwasser auffüllen. In jedes Glas 1 bis 2 Eiswürfel geben. Mit den Zitronenscheiben garnieren.

Abbildung Seite 77 (im Glas)

RUSSISCHE ROTE-BETE-SUPPE

- **1 rohe Rote Bete/Rande**
- **200 g Petersilienwurzeln**
- **100 g Weißkohl/-kabis**
- **1 Zwiebel**
- **1 EL Butterschmalz/Bratbutter**
- **800 ml/8 dl Wasser**
- **2 EL Gemüsebrühepulver**
- **1 EL Rotweinessig**
- **1 Lorbeerblatt**
- **1 TL Senfkörner**
- **1 TL frisch geriebener Ingwer**
- **1 TL Sojasauce**
- **2 Umdrehungen Pfeffer aus der Mühle**

1. Die Roten Beten und die Petersilienwurzeln schälen, zerkleinern. Den Weißkohl putzen und in Streifen schneiden. Die Zwiebel grob hacken.

2. Das Gemüse und die Zwiebeln im Butterschmalz andünsten, mit dem Wasser ablöschen, aufkochen. Das Gemüsebrühepulver, den Rotweinessig und alle übrigen Zutaten beifügen. Die Suppe 15 Minuten auf kleinem Feuer köcheln lassen. Das Lorbeerblatt entfernen. Die Suppe abschmecken.

Tipp: Die Suppe kann mit saurer Sahne/Sauerrahm verfeinert werden.

ROTE-BETE-CREME-SUPPE

- **1 EL Butterschmalz/Bratbutter**
- **1 Zwiebel, fein gehackt**
- **3 kleine rohe Rote Beten/Randen, geschält und gewürfelt**
- **900 ml/9 dl Gemüsebrühe**
- **1 Lorbeerblatt**
- **wenig abgeriebene Schale einer unbehandelten Zitrone**
- **1 TL Zitronensaft**
- **1 Prise Ingwerpulver**
- **1 Prise Kardamompulver**
- **1 Prise Korianderpulver**
- **Meersalz**

- **100 g/1 dl Sahne/Rahm**

1. Die Zwiebeln und die Roten Beten im Butterschmalz andünsten. Mit der Gemüsebrühe ablöschen. Das Lorbeerblatt beifügen, aufkochen und 30 Minuten auf kleinem Feuer kochen lassen. Das Lorbeerblatt entfernen. Pürieren.

2. Die Suppe aufkochen, das Zitronengelb und den Saft beifügen. Würzen.

3. Die Suppe anrichten, mit der geschlagenen Sahne garnieren.

ROTE-BETE-FLAN MIT MEERRETTICHSAUCE

für 5 bis 6 Portionenförmchen

- **300 g rohe Rote Beten/Randen, geschält und gewürfelt**
- **150 ml/1,5 dl Gemüsebrühe**
- **1 EL Butter**
- **2 Freilandeier, verquirlt**
- **3 EL Sahne/Rahm**
- **1 Prise Meersalz**
- **Pfeffer aus der Mühle**

Sauce

- **180 g Jogurt natur**
- **8 EL Sahne/Rahm**
- **5 EL Milch**
- **3 TL frisch geriebener Meerrettich**
- **Meersalz**

- **1 1/2 EL fein geschnittener Schnittlauch**

1. Die Souffléförmchen mit Butter ausstreichen.

2. Die Roten Beten und die Gemüsebrühe aufkochen, auf kleinem Feuer gut weich kochen, die Butter dazugeben, pürieren.

3. Ofen auf 200 Grad vorheizen.

4. Die Eier und die Sahne unter das Püree rühren, würzen. Die Masse in die Förmchen füllen.

5. Den Rote-Bete-Flan im vorgeheizten Ofen im Wasserbad 25 Minuten pochieren.

6. Für die Sauce Jogurt, Sahne und Milch in einer kleinen Schüssel verrühren. Den Meerrettich dazugeben. Würzen.

7. Den Rand der Souffléförmchen mit einem Messer lösen, die Köpfchen auf die Teller stürzen. Mit der Sauce umgießen und dem Schnittlauch garnieren.

ROTE-BETE-BRATLINGE

- **1 große Rote Bete/Rande, gekocht**
- **2 Freilandeier**
- **40 g Vollkornmehl**
- **2 EL Sesamsamen**
- **1 Prise Nelkenpulver**
- **1 Prise geriebene Muskatnuss**
- **1 Prise Chilipulver**
- **Meersalz**

- **Butterschmalz/Bratbutter**

1. Die Roten Beten schälen und mit der Bircher-Rohkostreibe fein reiben.

2. Rote Beten, Eier, Mehl und Sesamsamen gut vermengen und zu einem Teig verarbeiten. Würzen. Rund 15 Minuten ruhen lassen.

3. In einer Bratpfanne wenig Butterschmalz erhitzen. Vom Teig mit dem Eisportionierer Kugeln abstechen, in die Bratpfanne geben und flach drücken, beidseitig braten.

Tipp: Diese Küchlein mit einer Senfsauce servieren (Seite 33).

ROTE-BETE-GRATIN

- **750 g rohe rote Beten/Randen**
- **2 EL kaltgepresstes Olivenöl**
- **300 ml/3 dl Wasser**
- **Meersalz**
- **Rosmarinpulver**
- **1 Umdrehung Pfeffer aus der Mühle**

- **2 EL kaltgepresstes Olivenöl**
- **2 Zwiebeln, in Scheiben**

- **5 EL geriebener Parmesan**

1. Die Roten Beten schälen und in 7 mm große Würfel schneiden.
2. Die Roten Beten im Olivenöl andünsten, mit dem Wasser ablöschen, aufkochen. Würzen. Auf kleinem Feuer 20 Minuten köcheln lassen.
3. Ofen auf 200 Grad vorheizen.
4. Die Zwiebeln im Olivenöl farblos andünsten.
5. Die Roten Beten und die Kochflüssigkeit in eine gebutterte Gratinform füllen. Die Zwiebeln darauf verteilen. Mit dem Parmesan bestreuen.
6. Den Gratin auf mittlerem Einschub 15 Minuten überbacken.

Abbildung:
Rote-Bete-Spagetti an Roquefortsauce

ROTE-BETE-SPAGETTI AN ROQUEFORTSAUCE

Sauce
- **100 ml/1 dl Milch**
- **50 ml/0,5 dl Wasser**
- **100 g Roquefort, zerbröckelt**
- **2 EL Reismehl**
- **100 g/1 dl Sahne/Rahm**
- **3 EL grob gehackte Walnüsse/ Baumnüsse**

- **300 ml/3 dl Wasser**
- **1/2 l Rote-Bete-/Randensaft**
- **Meersalz**
- **400 g Spagetti**

- **1/2 Sträußchen Petersilie, fein gehackt**

1. Für die Sauce Milch, Wasser und Roquefort auf kleinem Feuer aufkochen, das Reismehl dazugeben, weiter köcheln lassen, bis die Sauce bindet. Mit der Sahne verfeinern. Die Nüsse darunter rühren.
2. Für die Spagetti das Wasser und den Rote-Bete-Saft aufkochen, salzen. Die Spagetti dazugeben und al dente kochen.
3. Spagetti sofort auf vorgewärmten Tellern anrichten. Die Sauce darüber gießen, mit der gehackten Petersilie garnieren.

ROTE-BETE-MOUSSE AUF KIWISAUCE

- **1 EL Agar-Agar-Pulver**
- **2 EL Wasser**

- **200 ml/2 dl Milch**
- **4 EL Hirsemehl**
- **150 ml/1,5 dl Rote-Bete-/ Randensaft**
- **2 EL Akazienhonig**
- **1/2 unbehandelte Zitrone, abgeriebene Schale**
- **1 EL Zitronensaft**
- **1 Eigelb von einem Freilandei**
- **1 Prise Zimtpulver**
- **1 Prise Nelkenpulver**
- **1 Prise Kardamom**
- **1 Prise Korianderpulver**

- **1 Eiweiß von einem Freilandei**
- **1 Prise Meersalz**
- **50 g/0,5 dl Sahne/Rahm**

Sauce
- **2 Kiwis**
- **1 EL flüssiger Blütenhonig**
- **2 EL Zitronensaft**

1. Agar-Agar-Pulver im Wasser 10 Minuten quellen lassen.

2. Milch, Hirsemehl, Rote-Betesaft und Agar-Agar aufkochen, 2 bis 3 Minuten unter ständigem Rühren auf kleinem Feuer köcheln lassen. Akazienhonig, Zitronengelb, Zitronensaft, Eigelb und Gewürze darunter rühren, etwas auskühlen lassen.

3. Das Eiweiß mit der Prise Salz zu Schnee schlagen, die Sahne steif schlagen, unter die Rote-Bete-Masse ziehen. Im Kühlschrank 3 Stunden fest werden lassen.

4. Für die Sauce Kiwis schälen, mit dem Honig und dem Zitronensaft pürieren.

5. Vom Rote-Bete-Flan mit dem Eisportionierer Kugeln abstechen, auf Tellern anrichten. Mit der Kiwisauce umgießen.

Abbildung:
Rote -Bete-Cocktail,
Rezept Seite 71
Rote-Bete-Mousse auf Kiwisauce

SCHWARZWURZEL

Synonyme
Winterspargel, Skorzoner Wurzel, Viperwurzel, Schlangengras.

Familie
Die Schwarzwurzel (Scorzonera hispanica) gehört zur Familie der Korbblütler.

Herkunft
Die Schwarzwurzel ist eine von rund 100 Arten der Gattung Scorzonera. Ihr lateinischer Name führt uns ins spanische Herkunftsland, wo sie vermutlich von den Arabern als Heilpflanze entdeckt und angebaut wurde.

Geschichte
Vom Mittelalter bis ins 16. Jahrhundert war die Schwarzwurzel als Wildform verbreitet. Sie wurde bei Pest, Schlangenbissen, Herzkrankheiten, Schwindelanfällen, Nervenkrankheiten und Verdauungsstörungen als Heilpflanze eingesetzt. Seit dem 17. Jahrhundert wird sie als Gemüse verwendet und verdrängte die Haferwurzel (Tragopogon porrifolius), die bis zu diesem Zeitpunkt in Mitteleuropa kultiviert wurde. Bekannt war sie unter dem Namen Weiße Schwarzwurzel.

Botanik
Die Schwarzwurzel ist fleischig, wird bis zu 35 cm lang, und ihr Durchmesser beträgt 0,6 bis 2 cm. Die Rinde ist korkartig und von schwarzbrauner Farbe. Wird die Stange angeschnitten, so tritt aus den Milchröhren des weißen Wurzelfleisches ein harziger, weißlicher Saft aus.

Inhaltsstoffe
Wegen des hohen Inulingehalts und der guten Verdaulichkeit wird die Schwarzwurzel von Diabetikern und Magenempfindlichen sehr geschätzt. Die Wurzel enthält viel Kalium, Magnesium, Natrium, Phosphor und Eisen. Der Vitamingehalt ist eher bescheiden. Erwähnenswert sind einzig die Vitamine C und E.

Küche
Das Schälen der Schwarzwurzel ist etwas zeitaufwendig und gibt klebrige,

schmutzige Hände. Am besten trägt man Gummihandschuhe. Da die geschälten Schwarzwurzeln an der Luft rasch oxidieren und sich braunrot verfärben, müssen sie raschmöglichst in Zitronenwasser gelegt werden.
Man kann die Schwarzwurzeln auch samt Schale 15 bis 20 Minuten im Salzwasser garen, dann etwas abkühlen lassen. Nun lassen sich die Stangen leicht schälen.

SCHWARZWURZELSALAT AUF SPROSSEN

- **500 g Schwarzwurzeln**
- **100 g Senfsprossen**

Sauce
- **7 EL Jogurt natur**
- **2 EL Zitronensaft**
- **4 EL Sahne/Rahm**
- **Meersalz**
- **1 Umdrehung weißer Pfeffer aus der Mühle**
- **4 EL kaltgepressstes Distelöl**

1. Die Zutaten für die Sauce gut verrühren.

2. Die Schwarzwurzeln schälen und in Zitronenwasser legen. Die Stangen in schräge Stücke schneiden, längs halbieren.

3. Schwarzwurzeln mit der Sauce mischen.

4. Senfsprossen auf die Teller verteilen und den Salat darauf anrichten.

SCHWARZWURZEL-AVOCADO-SALAT

- **450 g Schwarzwurzeln**
- **150 ml/1,5 dl Wasser**
- **2 EL Zitronensaft**

- **2 reife Avocados**
- **Zwiebelsprossen, nach Belieben**

Sauce
- **2 EL Zitronensaft**
- **Meersalz**
- **1 Umdrehung Pfeffer aus der Mühle**
- **1 Prise geriebene Muskatnuss**
- **5 EL kaltgepresstes Distelöl**

1. Die Zutaten für die Sauce gut verrühren.

2. Die Schwarzwurzeln schälen, die Stangen schräg in feine Scheiben schneiden und sofort in Zitronenwasser legen.

3. Die Schwarzwurzeln im Zitronenwasser 5 Minuten knackig garen. Das Wasser weggießen.

4. Die Schwarzwurzeln mit der Salatsauce mischen.

5. Die Avocados schälen, halbieren, entsteinen und das Fruchtfleisch in Würfelchen schneiden. Sofort unter den Salat mischen. Mit den Zwiebelsprossen garnieren.

SCHWARZWURZEL-ROLLE

Kuchenteig
- **200 g Dinkelvollkornmehl**
- **1/4 TL Meersalz**
- **50 g Butter**
- **5–6 EL Wasser**

- **5–7 dünne Schwarzwurzeln**
- **Salzwasser**

Guss
- **100 g Meerrettich-Frischkäse**
- **1 Freilandei**
- **2 EL Haushaltmehl**

- **1 Eigelb von einem Freilandei**
- **etwa 3 EL Sesamsamen**

Kalte Sauce
- **restlicher Guss**
- **4 EL Jogurt natur**
- **2 EL Milch**
- **2 TL fein geschnittener Schnittlauch**
- **wenig Salz**

1. Für den Teig Dinkelmehl und Salz vermengen. Die Butter in Stückchen schneiden und mit dem Mehl fein verreiben. Das Wasser dazugeben und zu einem geschmeidigen Teig verarbeiten. 10 bis 15 Minuten zugedeckt ruhen lassen.

2. Die Schwarzwurzeln samt Schale im Salzwasser etwa 15 Minuten garen. Erkalten lassen. Die Stangen mit einem Messer oder von Hand schälen.

3. Für den Guss Frischkäse, Ei und Mehl verrühren.

4. Ofen auf 180 Grad vorheizen.

5. Den Kuchenteig 15 mm dünn und quadratisch ausrollen.

6. Eine Schwarzwurzel auf den Teigrand legen, mit etwas Guss beträufeln, mit Teig einrollen, wieder eine Schwarzwurzel auf den Teig legen, wieder mit Guss beträufeln. So weiterfahren, bis alle Schwarzwurzeln eingerollt sind. Die Enden mit etwas Eigelb bestreichen, die Rolle schließen. Die Rolle mit Eigelb bestreichen und mit den Sesamsamen bestreuen. Auf mittlerem Einschub 40 Minuten goldbraun backen.

6. Restlichen Guss, Jogurt, Milch und fein geschnittenen Schnittlauch verrühren.

7. Die gebackene Schwarzwurzelrolle kurz ruhen lassen, in Scheiben schneiden, sofort mit der Sauce servieren.

Abbildung: Schwarzwurzelrolle

Linsensalat mit Schwarzwurzeln

- **100 g braune Linsen**
- **1 Lorbeerblatt**

- **200 g Schwarzwurzeln**
- **100 ml/1 dl Wasser**
- **2 EL Zitronensaft**

Sauce
- **2 EL Obstessig**
- **1 Prise geriebene Muskatnuss**
- **1 Prise Chilipulver**
- **Meersalz**
- **2 EL kaltgepresstes Distelöl**
- **1 EL kaltgepresstes Walnussöl/ Baumnussöl**
- **50 g grüner Lauch, in Streifen**

1. Die Linsen mit dem Lorbeerblatt in reichlich Wasser aufsetzen, aufkochen und rund 30 Minuten garen. Das Wasser weggießen, die Linsen beiseite stellen.

2. Die Schwarzwurzeln schälen und in Zitronenwasser legen. Die Stangen in schräge Scheiben schneiden.

3. Schwarzwurzelscheiben, Wasser und Zitronensaft aufkochen, auf kleinem Feuer 8 bis 10 Minuten köcheln lassen. Das Wasser weggießen.

4. Die Zutaten für die Sauce gut verrühren.

5. Linsen, Schwarzwurzeln und Lauch mit der Sauce mischen, 15 Minuten ziehen lassen.

Tipp: Diesen Salat auf grünem Blattsalat anrichten.

Panierte Schwarzwurzeln

- **350 g Schwarzwurzeln**

- **Dinkelvollkornmehl**
- **1 Freilandei**

- **etwa 10 EL Semmelbrösel/ Paniermehl**
- **2 TL Meersalz**
- **2 Umdrehungen Pfeffer aus der Mühle**
- **2 Msp geriebene Muskatnuss**

- **Maiskeimöl**

1. Die Schwarzwurzeln samt Schale 15 bis 20 Minuten im Salzwasser garen. Erkalten lassen. Die Stangen mit dem Messer oder von Hand schälen, halbieren oder dritteln.

2. Die Semmelbrösel und die Gewürze mischen. Die Schwarzwurzeln zuerst im Mehl, dann im Ei und zuletzt in den Semmelbröseln wenden.

3. Die panierten Schwarzwurzeln im Maiskeimöl braten.

Tipp: Dieses Gemüse zu einem Saucengericht, zu Quinoa oder im Dampf gegarten Kartoffeln servieren.

Schwarzwurzeln an Zitronensauce

- **1 kg Schwarzwurzeln**
- **1 l Wasser**
- **2 EL Zitronensaft**
- **1 TL Meersalz**

Sauce
- **4 EL Butter**
- **4 EL Haushaltmehl**
- **200 ml/2 dl Milch**
- **2 EL abgeriebene Schale einer unbehandelten Zitrone**
- **2 EL Zitronensaft**
- **5 EL Kochwasser der Schwarzwurzeln**
- **Meersalz**
- **1 Umdrehung weißer Pfeffer aus der Mühle**

1. Die Schwarzwurzeln schälen und in Zitronenwasser legen, damit sie sich nicht verfärben. Die Stangen in 3 bis 4 cm lange Stücke schneiden.

2. Wasser, Zitronensaft, Salz und Schwarzwurzeln aufkochen, 8 bis 10 Minuten auf kleinem Feuer köcheln lassen. Das Gemüse abgießen, die Flüssigkeit auffangen.

3. Für die Zitronensauce das Mehl in der Butter anschwitzen. Die Milch unter Rühren dazugeben, aufkochen und 10 Minuten köcheln lassen. Zitronengelb, Zitronensaft, Schwarzwurzelwasser und Schwarzwurzeln dazugeben. Nochmals kurz aufkochen.

Abbildung Seite 84

Pikanter Schwarzwurzelkuchen

für ein Kuchenblech von 26 cm Durchmesser

- **250 g Kuchenteig, Seite 80**

- **400 g Schwarzwurzeln**

Guss
- **1 Freilandei**
- **100 g/1 dl Sahne/Rahm**
- **50 ml/0,5 dl Milch**
- **1 EL Pfeilwurzelmehl**
- **1 Umdrehung weißer Pfeffer aus der Mühle**
- **1 Prise Currypulver**
- **1 Prise geriebene Muskatnuss**
- **Meersalz**

1. Den Teig auf Blechgröße ausrollen, in die gebutterte Form legen.

2. Die Schwarzwurzeln samt Schale rund 15 Minuten im Salzwasser garen. Erkalten lassen. Die Stangen mit einem Messer oder von Hand schälen, in 8 bis 10 cm lange Stücke schneiden.

3. Ofen auf 200 Grad vorheizen.

4. Den Teigboden kreisförmig mit den Schwarzwurzeln belegen. Den Guss darüber gießen.

5. Den Kuchen im vorgeheizten Ofen auf mittlerem Einschub 35 bis 40 Minuten backen.

SCHWARZWURZELN MIT PILZEN

- **15 g getrocknete Judasohren (Pilze)**
- **400 g Schwarzwurzeln**
- **120 g Champignons**
- **2 EL kaltgepresstes Olivenöl**
- **50 ml/0,5 dl Weißwein**
- **100 ml/1 dl Wasser**
- **1 EL Provencekräuter**
- **1 TL Aspretto di fragola**
- **2 Umdrehungen Pfeffer aus der Mühle**
- **Meersalz**

1. Judasohren 15 Minuten in kaltem Wasser einlegen. In einem Sieb abtropfen lassen. In Streifen schneiden.

2. Die Schwarzwurzeln samt Schale rund 15 Minuten im Salzwasser garen. Erkalten lassen. Die Stangen schälen, in 2 bis 3 cm lange Stücke schneiden.

3. Die Champignons je nach Größe ganz lassen, halbieren oder vierteln. Mit den Judasohren im Olivenöl andünsten, mit dem Wein und dem Wasser ablöschen. Die Schwarzwurzeln und die Kräuter dazugeben, aufkochen und auf kleinem Feuer 5 Minuten köcheln lassen. Würzen.

Tipp: Dieses Gemüse passt zu einem Risotto, zu Polenta oder als Beilage zu gepökeltem/gebeiztem Fleisch.

Abbildung:
Schwarzwurzeln an Zitronensauce (oben), Rezept Seite 83
Schwarzwurzeln mit Pilzen (unten)

SCHWARZWURZELN IM ORANGENGELEE

für 6 bis 8 Soufflèförmchen

- **250 g Schwarzwurzeln**
- **2 TL Agar-Agar-Pulver**
- **4 EL Wasser**
- **350 ml/3,5 dl frisch gepresster Orangensaft**
- **3 EL Blütenhonig**
- **1 Prise Ingwerpulver**
- **1 Prise Kardamompulver**
- **1 Prise Nelkenpulver**
- **1 Orange, geschält und klein gewürfelt**

1. Schwarzwurzeln schälen und in Zitronenwasser legen, damit sie sich nicht verfärben.

2. Agar-Agar-Pulver mit dem Wasser verrühren, kurz quellen lassen.

3. Den Orangensaft in einen kleinen Kochtopf geben. Die Schwarzwurzeln mit der Bircher-Rohkostreibe dazureiben, immer wieder rühren. Honig, Ingwer, Kardamom, Nelkenpulver und Agar-Agar beifügen, unter ständigem Rühren aufkochen, 3 bis 4 Minuten köcheln lassen.

4. Die Orangenstückchen in die Soufflèförmchen verteilen, die Flüssigkeit dazugießen. 3 bis 4 Stunden kühl stellen und fest werden lassen.

5. Die Köpfchen 10 Minuten vor dem Servieren aus dem Kühlschrank nehmen. Den Rand mit einem Messer lösen und die Köpfchen auf die Teller stürzen. Mit Schlagsahne servieren.

TOPINAMBUR

Synonyme
Erdbirne, Erdapfel, Erdartischocke, Erdschocke, Knollensonnenblume, Jerusalem-Artischocke, Zuckerkartoffel, Ewigkeitskartoffel, Indianerkartoffel, Diabetiker-Kartoffel, Furzwurzel.

Familie
Der Topinambur (Helianthus tuberosus) gehört zur Familie der Korbblütler. Die Pflanze ist bezüglich Höhe und Blüte der einjährigen Sonnenblume ähnlich, die zur selben Gattung gehört.

Geschichte
Die Heimat des Topinamburs ist Süd- und Nordamerika. Seinen eigenartigen Namen hat er einem Indianerstamm, den Tupi-Guarani oder Tupinambas aus Brasilien zu verdanken. Forschungsreisende brachten die Knolle im Jahre 1612 nach Frankreich. Von dort gelangte sie nach England, später nach Belgien und verbreitete sich schließlich über ganz Europa. Sie wird heute ebenfalls in Indien, Afghanistan und Iran kultiviert.

Botanik
Der Topinambur hat eine eigenwillige Form, die spindelförmig, bucklig oder birnenförmig (Erdbirne) sein kann. Je nach Sorte hat er eine beige, rotbraune oder violette Schale. Das Fleisch ist weißlich und verfärbt sich beim Anschneiden bräunlich. Wenn die Pflanze im Garten einmal Fuss gefasst hat, ist sie schwer zu vertreiben. Eine Topinamburknolle bildet im Boden wie die Kartoffel ein «Gelege» von 8 bis 10 neuen Knollen. Der Topinambur wird vom Spätherbst bis in den Frühling geerntet. Er ist anspruchslos und winterhart. Meist bleiben genügend Knollen im Boden, so dass im nächsten Herbst wieder neue geerntet werden können (Ewigkeitskartoffel).

Inhaltsstoffe
Der Topinambur ist reich an Kalium, Phosphor, Kalzium und Magnesium. Der Eisengehalt übertrifft den des viel gelobten Spinats deutlich. Die Knolle empfiehlt sich für DiabetikerInnen,

denn sie enthält im Gegensatz zur Kartoffel ein Reserve-Kohlenhydrat namens Inulin, welches zur Verdauung kein Insulin benötigt. Der Topinambur kann bei Wurzel-Abstinenten Blähungen (Furzwurzel) verursachen. Gekaute Kümmel-, Anis- oder Fenchelsamen nach dem Essen schaffen Abhilfe. Roh schmeckt die Knolle erfrischend nussig, gekocht erinnert sie an die Artischocken (Erdartischocke).

Küche

Anfänglich war der Topinambur eine Zierpflanze, dann Futterpflanze und erst später hielt er Einzug in die Küche. Er blieb lange Zeit vergessen, ist jedoch heute wieder auf Wochenmärkten oder in Gemüseläden erhältlich.

TOPINAMBURSALAT MIT HASELNÜSSEN

- **500 g Topinambur**

Sauce

- **Saft einer ganzen Zitrone**
- **1 TL Aspretto di Fragola**
- **Meersalz**
- **1 Umdrehung Pfeffer aus der Mühle**
- **2 EL kaltgepresstes Haselnussöl**
- **2 EL kaltgepresstes Distelöl**

- **2 EL Haselnüsse, grob gehackt**

1. Die Zutaten für die Sauce gut verrühren.

2. Topinambur gut waschen, mit einem feinen Gemüsehobel direkt in die Sauce hobeln, immer wieder mit der Sauce vermengen. Die gehackten Haselnüsse untermischen.

Tipp: Diese Vorspeise mit Feld-/Nüsslisalat garnieren und mit getoastetem Brot servieren.

Abbildung Seite 24

TOPINAMBUR-CREME-SUPPE

- **1 EL Butterschmalz/Bratbutter**
- **400 g Topinambur, gewaschen und grob gewürfelt**
- **1 große Kartoffel, geschält und grob gewürfelt**
- **200 ml/2 dl Milch**
- **600 ml/6 dl Wasser**
- **Meersalz**
- **2 Umdrehungen Pfeffer aus der Mühle**
- **1 Prise geriebene Muskatnuss**
- **1 Prise Zimtpulver**

- **50 g/0,5 dl Sahne/Rahm, steif geschlagen**
- **1 EL fein geschnittener Schnittlauch**

1. Topinambur und Kartoffeln im Butterschmalz andünsten. Die Milch und das Wasser dazugeben, aufkochen und 15 Minuten auf kleinem Feuer kochen lassen. Pürieren.

2. Die Suppe aufkochen, würzen. Mit der geschlagenen Sahne und dem fein geschnittenen Schnittlauch garnieren.

TOPINAMBUR-FENCHEL-SUPPE

- **250 g Fenchel**
- **150 g Topinambur**
- **1 EL Butterschmalz, Bratbutter**
- **1/2 l Wasser**
- **3 EL Pfeilwurzelmehl**
- **400 ml/4 dl Wasser**
- **1 TL gemahlene Fenchelsamen**
- **100 g/1 dl Sahne/Rahm**
- **Meersalz**
- **1 Umdrehung weißer Pfeffer aus der Mühle**

- **etwas Fenchelgrün**

1. Den Fenchel putzen, den Topinambur gut waschen, beides in Stücke schneiden.

2. Das Gemüse im Butterschmalz andünsten. Das Wasser (1/2l) beifügen, aufkochen und rund 12 Minuten auf kleinem Feuer kochen lassen. Pürieren und durch ein Sieb streichen.

3. Das Pfeilwurzelmehl mit dem Wasser verrühren und zur Suppe geben, aufkochen und 5 bis 6 Minuten auf kleinem Feuer köcheln lassen. Die Sahne dazugeben. Nochmals aufkochen und würzen. Mit dem Fenchelgrün garnieren.

TOPINAMBUR-MOUSSE

- **500 g Topinambur, gut gewaschen und zerkleinert**
- **100 ml/1 dl Wasser**
- **200 g/2 dl Sahne/Rahm**
- **2 TL Agar-Agar-Pulver**
- **4 EL Wasser**
- **2 EL grob gehackte Walnüsse/ Baumnüsse**
- **2 EL kaltgepresstes Walnussöl/ Baumnussöl**
- **1 Eigelb von einem Freilandei**
- **2 Umdrehungen Pfeffer aus der Mühle**
- **1 Prise Chilipulver**
- **1 Prise geriebene Muskatnuss**
- **1 Prise Nelkenpulver**
- **wenig Zitronensaft**
- **1 1/2 TL Meersalz**

- **1 Eiweiß von einem Freilandei**
- **1 Prise Meersalz**

- **2 EL fein geschnittener Schnittlauch**

1. Den Topinambur und das Wasser aufkochen, 15 Minuten garen. Die Sahne beifügen und pürieren.

2. Agar-Agar-Pulver mit den 4 Esslöffeln Wasser verrühren, kurz quellen lassen, zum Püree geben. Das Püree aufkochen und 2 bis 3 Minuten köcheln lassen.

3. Die gehackten Nüsse in einer Pfanne ohne Fett kurz rösten, mit dem Nussöl, dem Eigelb und den Gewürzen unter das Püree rühren.

4. Das Eiweiß mit dem Salz steif schlagen, sorgfältig unter die Masse

heben. Die Mousse in einer mit Klarsichtfolie gedeckten Schüssel im Kühlschrank 6 Stunden eindicken lassen. Achtung: Die Masse wird nicht schnittfest, sie bleibt cremig weich.

5. Von der Mousse mit dem Eisportionierer Kugeln abstechen, auf Tellern anrichten. Mit dem fein geschnittenen Schnittlauch garnieren.

Tipp: Mit getoasteter Baguette servieren.

OFEN-TOPINAMBUR

- **800 g Topinambur**
- **100 ml/1 dl kaltgepresstes Olivenöl**
- **Meersalz**
- **2 Umdrehungen Pfeffer aus der Mühle**
- **1 TL Rosmarinnadeln**

1. Backofen auf 250 Grad vorheizen.
2. Den Topinambur gut waschen, halbieren oder vierteln.
3. Das Olivenöl in ein Backblech gießen, den Topinambur darin ausbreiten. 15 bis 25 Minuten backen. Nach 10 Minuten würzen. Topinambur immer wieder mit Olivenöl beträufeln.

Tipp: Mit einem einem Gericht aus Weißkohl/-kabis servieren.

GRATIN DAUPHINOIS MIT TOPINAMBUR

- **400 g Kartoffeln**
- **400 g Topinambur**
- **Meersalz**

Guss

- **150 ml/1,5 dl Milch**
- **250 g/2,5 dl Sahne/Rahm**
- **1 Knoblauchzehe**
- **1 Prise geriebene Muskatnuss**
- **1 Umdrehung Pfeffer aus der Mühle**
- **Meersalz**

1. Eine Gratinform mit Butter ausstreichen.
2. Den Ofen auf 140 Grad vorheizen.
3. Die Zutaten für den Guss gut verrühren und kräftig würzen.
4. Die Kartoffeln schälen, den Topinambur gut waschen, in feine Scheiben schneiden.
5. Topinambur und Kartoffeln abwechslungsweise in die Gratinform schichten, salzen und sofort mit dem Guss übergießen. (Kartoffel- und Topinamburscheiben können sich schnell braun verfärben.)
6. Den Gratin auf mittlerem Einschub 65 bis 70 Minuten backen.

Tipp: Dieses Gericht ist eine Variation zum bekannten Kartoffelgratin.

Abbildung Seite 91

Ravioli mit Topinamburfüllung

Teig
- **250 g Dinkelvollkornmehl**
- **2 Freilandeier**
- **2 EL kaltgepresstes Olivenöl**
- **4–6 EL Wasser**

- **Haushaltmehl**

Füllung
- **200 g Topinambur, gut gewaschen**
- **3 EL Zitronensaft**
- **2 EL kaltgepresstes Olivenöl**
- **1 Zwiebel, fein gehackt**
- **2 Knoblauchzehen**
- **6 schwarze Oliven, entsteint und gehackt**
- **5 EL geriebener Parmesan**
- **5 EL Semmelbrösel/Paniermehl**
- **2 Umdrehungen Pfeffer aus der Mühle**
- **2 Prisen Chilipulver**
- **Meersalz**

- **50 g Butter**
- **1 Zweig Salbei, fein geschnitten**

- **50 g geriebener Parmesan**

Abbildung:
Gratin dauphinois mit Topinambur (oben), Rezept Seite 89
Ravioli mit Topinamburfüllung (unten)

1. Für den Teig das Dinkelmehl in eine Schüssel geben und eine Mulde machen. Eier und Olivenöl hineingeben und das Mehl dazukneten. Nach und nach Wasser dazugeben, bis ein trockener, geschmeidiger Teig entsteht. 30 Minuten kühl stellen.

2. Den Topinambur mit der Bircher-Rohkostreibe fein reiben, sofort mit Zitronensaft beträufeln.

3. Die Zwiebeln und den durchgepressten Knoblauch im Olivenöl andünsten, zum Topinambur geben. Oliven, Parmesan und Semmelbrösel ebenfalls dazugeben. Würzen.

4. Den Teig halbieren und auf wenig Haushaltmehl dünn ausrollen. Je 1/2 Teelöffel Füllung im Abstand von etwa 1,5 cm auf den Teig geben. Mit dem zweiten Teigblatt decken. Den Teig rund um die Füllung gut andrücken. Mit einem Teigrädchen Ravioli schneiden, sofort mehlen, damit sie nicht kleben.

5. In einem großen Topf reichlich Salzwasser aufkochen. Die Ravioli hineingeben und im schwach kochenden Wasser 5 bis 7 Minuten ziehen lassen.

6. Die Butter in einer Bratpfanne leicht bräunen, den Salbei 2 Minuten darin wenden.

7. Ravioli in einer vorgewärmten Platte anrichten, die Salbeibutter darüber gießen. Sofort servieren. Den Parmesan separat dazugeben.

Tipp: Der Teig kann auch durch eine Nudelmaschine gedreht werden. Noch schneller und gleichmäßiger können die Ravioli mit speziellen Ravioli-Schablonen aus dem Fachhandel hergestellt werden.

TOPINAMBUR IM AUSBACKTEIG

- **16 kleine Topinambur, gut gewaschen**
- **Salzwasser**
- **1 Lorbeerblatt**

Ausbackteig
- **80 g Dinkelvollkornmehl**
- **1/2 TL Meersalz**
- **1 TL kaltgepresstes Haselnussöl**
- **70 ml/0,7 dl helles Bier**
- **2 Freilandeier**

- **400 ml/4 dl Fritieröl (Erdnussöl)**

1. Den Topinambur mit dem Lorbeerblatt im Salzwasser 8 bis 10 Minuten garen. Erkalten lassen.

2. Für den Ausbackteig sämtliche Zutaten gut verrühren. Es soll ein zähflüssiger Teig entstehen.

3. Das Fritieröl auf 180 bis 200 Grad erhitzen. Den Topinambur im Teig wenden, im Öl goldbraun backen. Das Fritiergut mit einem Schaumlöffel herausnehmen und auf Küchenpapier kurz abtropfen lassen.

Tipp: Zum fritierten Topinambur Ketchup, Chutney oder eine Chilisauce servieren.

Tipps zum Fritieren: Siehe «Pastinakenchips», Seite 54

Abbildung:
Topinambur im Ausbackteig

SÜSSE TOPINAMBUR-NUSS-CREME

- **250 g Topinambur, gut gewaschen und klein geschnitten**
- **100 ml/1 dl Wasser**
- **1/2 l Milch**

- **1 EL Pfeilwurzelmehl**
- **1 1/2 EL Haselnussmus**
- **4 EL Blütenhonig**
- **1 Umdrehung weißer Pfeffer aus der Mühle**
- **1 Prise Nelkenpulver**
- **1 Prise Zimtpulver**
- **1 Prise Meersalz**
- **3 Freilandeier**

- **180 g/1,8 dl Sahne/Rahm**

1. Topinambur, Wasser und 400 ml/4 dl Milch aufkochen, 15 Minuten auf kleinem Feuer köcheln lassen. Pürieren. In den Kochtopf zurückgeben.

2. Das mit der restlichen Milch verrührte Pfeilwurzelmehl zu der Topinamburmasse geben. Haselnussmus, Honig, Gewürze und Eier beifügen und gut verrühren, bei schwacher Hitze kurz vor den Kochpunkt bringen (zur Rose kochen).

3. Die Creme in einer Schüssel erkalten lassen, von Zeit zu Zeit rühren, damit sich keine Haut bildet.

4. Die Topinambur-Creme in Portionenschalen anrichten. Mit der geschlagenen Sahne garnieren.

Diese Creme ist eine echte Überraschung!

WINTERRETTICH

Synonyme
Rettig, Radi.

Familie
Der Winterrettich (Raphanus sativus) gehört zur Familie der Kreuzblütler.

Herkunft
Der Name Rettich wurde aus der lateinischen Bezeichnung «Radix» (Wurzel) abgeleitet.

Geschichte
Der Rettich ist eine alte Kulturpflanze, die wahrscheinlich im östlichen Mittelmeergebiet ihre Heimat hat und von dort nach China und Japan gelangt ist. In Ägypten sind in zahlreichen Gräbern Rettiche abgebildet oder in Texten erwähnt. Die tägliche Kost der Pyramidenbauer soll aus einer Ration Zwiebeln, Knoblauch und Rettich bestanden haben. Auch den Römern war er nicht unbekannt. Sie brachten ihn in die Schweiz und nach Deutschland. In einem Pflanzenverzeichnis des Gemüsegartens des Klosters St. Gallen (Schweiz) aus dem Jahre 820 wird der Rettich unter dem Namen «radices» aufgeführt.

Botanik
Der Winterrettich fällt durch seine schwarze Schale auf. Das Wurzelfleisch ist jedoch wie bei allen Rettichen weiß. Die langen Sorten werden 10 bis 20 cm lang, die runden haben die Größe einer Roten Bete (Rande). Sie werden im Spätsommer gesät und haben eine Kulturzeit von 100 bis 120 Tagen. Sie sind sehr mild im Geschmack.

Inhaltsstoffe
Zu den gesundheitlich wertvollsten Gemüsen gehört ganz eindeutig der Winterrettich. Die wichtigsten geschmack- und geruchbestimmenden Inhaltsstoffe der Wurzel sind die Senföle (Allyl- und Butylsenföl, Thiocyanat). Die Frühjahrssorten enthalten davon mehr als der Winterrettich. In der Volksmedizin steht der Rettich seit langem hoch im Kurs. Er wirkt appetitanregend, verdauungsfördernd, regt

die Gallensekretion an und lindert den Husten bei schwerer Bronchitis.

Anbau

Der schwarze Winterrettich ist der älteren Generation noch eher bekannt. Heute finden wir ihn leider nur noch selten auf Wochenmärkten, da der weiße Rettich in heizbaren Treibhäusern praktisch das ganze Jahr über produziert werden kann.

Eines der größten Anbaugebiete des Rettichs liegt heute in Ostasien. Der jährliche Pro-Kopf-Verbrauch liegt dort bei 30 Kilogramm. Bei uns kommen wir inklusive Radieschen gerade mal auf 250 Gramm!

RETTICH-SAUERKRAUT-SALAT

- **250 g Winterrettich, gewaschen**
- **200 g Sauerkraut**

Sauce

- **1 EL Weißweinessig**
- **1/2 TL Kreuzkümmel, im Mörser grob zerstossen**
- **1 TL Ingwerpulver**
- **3 EL kaltgepresstes Distelöl**

1. Zutaten für die Sauce verrühren.
2. Den Rettich in Stäbchen schneiden oder mittelfein hobeln.
3. Rettich und Sauerkraut mit der Sauce mischen. Kurz ziehen lassen.

FRUCHTIGER RETTICHSALAT

- **500 g Winterrettich, gut gewaschen**
- **3 Bio-Bananen oder 2 normale Bananen**

Sauce

- **180 g Jogurt natur**
- **2–3 EL Zitronensaft**
- **1/2 TL scharfer Curry**
- **1/2 TL Kurkuma (Gelbwurz)**
- **Meersalz**
- **2 EL kaltgepresstes Sonnenblumenöl**

1. Die Zutaten für die Sauce gut verrühren.
2. Den Rettich in 2 bis 3 cm lange Stäbchen schneiden. Die Bananen schälen, in mittelfeine Scheiben schneiden.
3. Den Rettich und die Bananen mit der Sauce mischen.

Tipp: Diesen Salat auf Rettichsprossen servieren.

Abbildung Seite 98

MILDER APFEL-RETTICH-DIP

- **60 g Winterrettich**
- **1 roter Apfel**

- **180 g Vollmilchquark**
- **1 EL Zitronensaft**
- **1/2 TL Aspretto di pesca**
- **2 Umdrehungen weißer Pfeffer aus der Mühle**
- **Meersalz**

1. Quark, Zitronensaft und Aspretto glatt rühren.

2. Den Rettich schälen. Rettich und Apfel mit der Bircher-Rohkostreibe in die Sauce reiben. Abschmecken.

Tipp: Dieser Dip kann auf das Butterbrot gestrichen, zu Gemüsestäbchen oder zu Pellkartoffeln gereicht werden. Wer den Dip schärfer mag, fügt noch etwas Meerrettich bei.

JAKOBS RETTICH

- **2–3 Winterrettiche, gewaschen**
- **Meersalz**

1. Mit einem scharfen Messer die Rettiche in kleinen Abständen zu drei Vierteln einschneiden. Etwas Salz darüber streuen und 10 Minuten ziehen lassen. In dieser Zeit treibt das Salz die Schärfe des Rettichs aus und wird dadurch bekömmlicher.

Tipp: Dieser Rettich passt ausgezeichnet zu Pellkartoffeln und Käse.

RETTICH-MISO-SUPPE

- **150 g Winterrettich, gut gewaschen**
- **1 Zwiebel, in Scheiben**
- **2 Knoblauchzehen, fein gehackt**
- **1 EL Sesamöl**
- **800 ml/8 dl Wasser**
- **3 EL Gerstenmiso**
- **2 Kombualgen**
- **1 EL frisch geriebener Ingwer**
- **1 TL Zitronensaft**
- **1 Prise Chilipulver**
- **Meersalz**

1. Den Rettich längs vierteln, in feine Scheiben schneiden.

2. Rettich, Zwiebeln und Knoblauch im Sesamöl andünsten, mit dem Wasser ablöschen. Miso, Kombualgen und Ingwer dazugeben, aufkochen und 15 Minuten auf kleinem Feuer kochen lassen.

3. Kombualgen aus der Suppe nehmen, in feine Streifen schneiden und wieder zur Suppe geben. Mit Zitronensaft, Chili und Salz würzen.

Tipp: Diese asiatische Suppe ist nahrhaft und aufbauend. Sie ist sehr zu empfehlen bei Rekonvaleszenz sowie bei starker geistiger und körperlicher Beanspruchung.

Abbildung:
Rettich mit Sojasprossen (oben), Rezept Seite 100
Milder Apfel-Rettich-Dip (unten)

RETTICHSCHEIBEN MIT AVOCADOMOUSSE

für 12 bis 16 Scheiben

- **1 langer Winterettich**

Mousse
- **1 reife Avocado**
- **2 EL Vollmilchquark**
- **2 EL Zitronensaft**
- **1/2 Knoblauchzehe**
- **1 Prise Chilipulver**
- **1/2 TL Meersalz**

1. Den Rettich gut waschen, in etwa 8 mm dicke Scheiben schneiden. Die Scheiben mit dem Kerngehäuseausstecher in der Mitte etwas aushöhlen.

2. Die Avocado halbieren und entsteinen. Das Fruchtfleisch mit einem Löffel herauskratzen, zusammen mit dem Quark und dem Zitronensaft pürieren. Die Knoblauchzehe dazupressen und mit Chili und Salz würzen.

3. Avocadopüree in einen Spritzbeutel mit mittlerer Tülle einfüllen.

4. Die Rettichscheiben auf einer Platte anrichten. Das Avocadopüree dekorativ in die Löcher spritzen.

Tipp: Diese Rettichscheiben sind als Garnitur auf kalten Platten oder Salattellern äußerst attraktiv.

Abbildung:
Fruchtiger Rettichsalat (oben),
Rezept Seite 95
Rettichscheiben mit Avocadomousse und Gebratener Sesam-Rettich, (unten)

GEBRATENER SESAM-RETTICH

- **2 große Winterrettiche, gut gewaschen**
- **700 ml/7 dl Wasser**
- **1/2 EL Meersalz**

- **1 Freilandei, leicht geschlagen**

- **etwa 12 EL Sesamsamen**
- **1 TL Ingwerpulver**
- **1 TL Curry**
- **1/4 TL Meersalz**

- **Haushaltmehl**

- **Sesamöl**

1. Die Rettiche in 7 mm dicke Scheiben schneiden.

2. Das Wasser und das Salz aufkochen, die Rettichscheiben dazugeben, 4 Minuten auf kleinem Feuer kochen lassen. Herausnehmen und erkalten lassen.

3. Die Sesamsamen mit den Gewürzen mischen.

4. Die Rettichscheiben zuerst im Mehl, dann im Ei und zuletzt in den Sesamsamen wenden.

5. Die Rettichscheiben im Sesamöl beidseitig goldbraun braten.

Tipp: Zu diesem Gemüse passen Naturreis, Gemüse aus dem Wok und eine süßsaure Sojasauce.

RETTICH MIT SOJASPROSSEN

- **500 g Winterrettich**
- **1 Chili-/Pfefferschote**
- **300 g Sojasprossen**
- **3 EL geröstetes Sesamöl**
- **1 Zwiebel, fein gehackt**
- **2 Knoblauchzehen, fein gehackt**
- **2 TL Curry**
- **2 TL frisch geriebener Ingwer**
- **1 TL gemahlener Kreuzkümmel**
- **1/2 TL Cayennepfeffer**
- **1 TL Kardamom**
- **1 TL Koriander**
- **1 Prise Vollrohrzucker**
- **3 EL Sojasauce**
- **100 ml/1 dl Wasser**
- **Meersalz**

1. Die Rettiche schälen, vierteln und in feine Scheiben schneiden. Die Chilischote halbieren, entkernen und in Streifen schneiden.

2. Rettich, Sojasprossen, Chilischoten Zwiebeln, Knoblauch und alle Gewürze im Wok oder in einer normalen Pfanne im Sesamöl andünsten. Die Sojasauce und das Wasser dazugeben, aufkochen und das Gemüse 3 bis 4 Minuten knackig garen.

Tipp: Zu diesem Gericht passen Naturreis mit Sultaninen und ein Chutney.

Abbildung Seite 97

DIE ZUBEREITUNG VON WURZELGEMÜSE

Unter der Schale des Wurzelgemüses befinden sich die meisten Vitamine und Mineralstoffe. Aus gesundheitlicher Sicht ist es schade, das Gemüse zu schälen. Da aber bekanntlich das Auge mitisst, muss ich die Frage «schälen oder nicht schälen» der Köchin/dem Koch überlassen.

Leider werden bei konventionell gezogenen Wurzeln Rückstände von chemischen Dünge- und Pflanzenschutzmitteln ebenfalls unter der Schale eingelagert. Bevorzugen Sie deshalb Gemüse aus kontrolliert biologischem oder biodynamischem Anbau. Es ist auch geschmacklich viel besser.

Noch ein wichtiger Punkt: Früher wurde das Wurzelgemüse auf dem Feuer stundenlang gekocht, es war weich und «matschig». Durch langes Garen wurden zudem wichtige Inhaltsstoffe zerstört. Das Wurzelgemüse darf durchaus noch etwas Biss haben!

DIE LAGERUNG VON WURZELGEMÜSE

Fast alle Winter-Wurzelgemüse werden im Herbst geerntet und eingelagert. Dies geschieht in Kühllagern bei einer Temperatur von 2 bis 5 Grad und einer Luftfeuchtigkeit von 75 bis 90 Prozent. Einige schnell austrocknende Sorten (Topinambur, Knollenziest/Stachys) werden jeweils nur für eine Markternte geerntet. Wenn der Winter nicht allzu kalt und der Boden nicht festgefroren ist, können winterharte Wurzeln (Pastinaken, Schwarzwurzeln u. a.) bis in den Frühling geerntet werden.

Wenn Sie selbst Wurzelgemüse im Garten pflanzen, können Sie diese auf verschiedene Arten lagern:

Gemüse im Naturkeller

Naturkeller mit offenem Naturboden und einer guten Luftzirkulation (kein Durchzug) eignen sich sehr gut für die Gemüselagerung. Die Temperatur des Kellers sollte nicht über 7 Grad steigen und die Luftfeuchtigkeit um 90 Prozent liegen. Die Wurzeln werden auf Holzroste gelegt.

Gemüse im Sand

Bei einem zu warmen und trockenen Keller kann Wurzelgemüse im Sand eingelagert werden. Das Wurzelgemüse wird ganz in den Sand eingegraben und von Zeit zu Zeit mit etwas Wasser befeuchtet. Wichtig: Den Sand weder zu feucht noch zu trocken halten.

Gemüse im Plastiksack

Bei einem zu warmen und zu trockenen Keller, jedoch bei einer konstanten Temperatur von 8 bis 15 Grad, kann Gemüse und Obst in speziellen, leicht luftdurchlässigen Plastiksäcken mit einem Fassungsvermögen von 10 Kilogramm gelagert werden. Diese sind in Haushaltgeschäften oder landwirtschaftlichen Genossenschaften erhältlich. Durch die im Plastiksack entstehende Kohlensäurekonzentration trocknet das Lagergut nicht aus und bleibt schön und frisch.

Gemüse in der Isolierkiste

Isolierkisten aus Styropor oder Sagex können sowohl im Keller als auch im Freien (Balkon u. a.) aufgestellt werden. Sie gleichen größere Temperaturschwankungen aus. Ungewaschene Wurzeln werden in die Kiste gelegt und der Deckel wird nicht ganz luftdicht geschlossen, damit es nicht zu einer erhöhten Kohlensäurekonzentration kommt.

Für kleine Mengen Wurzelgemüse

Wurzelgemüse kann 3 bis 4 Wochen im Kühlschrank gelagert werden. Bevorzugen Sie ungewaschene Ware, denn die Erdschicht, die an der Wurzel haftet, hält das Gemüse länger frisch. Für die Kurzlagerung im Kühlschrank oder auf dem Balkon sollte das Gemüse in einen leicht geöffneten Plastiksack verpackt werden. Die Wurzeln trocknen so weniger aus, denn der Kühlschrank ist ein richtiger Feuchtigkeitsfresser.

PRODUKTE-ERKLÄRUNGEN

Aspretto di fragola
Delikater Erdbeeressig mit aufwendigem Herstellungsverfahren. Die Erdbeeren und deren Saft werden fermentiert und destilliert. Anschließend wird mit Buchenholzspänen eine langsam verlaufende Essiggärung eingeleitet. Erst nach einer Ruhezeit von 6 bis 12 Monaten in Eichenholzfässern ist der Erdbeeressig genussreif. «Aspretto di fragola» wird mehr als Gewürz denn als Essig verwendet. Erhältlich ist er in italienischen Delikatessengeschäften sowie Bio- und Naturkostläden.

Aspretto di pesca
Delikater Pfirsichessig mit aufwendigem Herstellungsverfahren. Pfirsiche und deren Saft werden fermentiert und destilliert. Anschließend wird mit Buchenholzspänen eine langsam verlaufende Essiggärung eingeleitet. Erst nach einer Ruhezeit von 6 bis 12 Monaten in Eichenholzfässern ist der Pfirsichessig genussreif.«Aspretto di pesca» wird mehr als Gewürz denn als Essig verwendet. Erhältlich ist er in italienischen Delikatessengeschäften sowie Bio- und Naturkostläden.

Gerstenmiso (Miso Mugi)
Braune Gewürzpaste aus der asiatischen Küche. Hergestellt wird sie aus Sojabohnen, Gerste, Meersalz, Wasser und einem Enzymstarter (Pilz) namens Koji. Alle diese Zutaten durchlaufen einen Gärungsprozess von etwa einem Jahr. Miso enthält hochwertiges Eiweiß, Vitamin B_{12}, Mineralstoffe und zahlreiche Mikroorganismen. Anstelle von Miso kann auch Sojasauce, Gemüsebrühepulver oder einfach Salz verwendet werden. Miso ist in Naturkostläden und Reformhäusern erhältlich.

Haselnussmus
Braunes Nusspüree aus zerkleinerten und pürierten Haselnüssen; hochwertiges pflanzliches Eiweiß. Das Nussmus ist cremig und kann als Brotaufstrich oder für Cremen verwendet werden. Zum Würzen kann als Ersatz Haselnussöl verwendet werden. Nussmus ist in Bio- und Naturkostläden erhältlich.

Holunderblütensirup
Erfrischender Sirup, hergestellt aus den Blütendolden des schwarzen Holunderstrauches. Als Ersatz kann der gebräuchlichere Zitronensirup verwendet werden. Holunderblütensirup ist auf Wochenmärkten, in Reform-, Feinkost- und Bioläden erhältlich.

Reisessig
Sehr milder Essig mit einem Säuregehalt von etwa 4,3%. Dank seiner Milde eignet er sich auch für säureempfindliche Menschen. Reisessig ist ursprünglich ein asiatisches Produkt. An seiner Stelle kann auch ein milder Obstessig verwendet werden. Reisessig ist in asiatischen Spezialitätengeschäften, Bioläden und Reformhäusern erhältlich.

Schwarzer Sesamsamen
In Indien eines der populärsten Gewürze. Er kommt in Gewürzmischungen oder in Gebäcken vor, wo er sich neben seinem intensiven Geschmack auch optisch vom hellen Teig abhebt. Als Ersatz eignen sich ungeschälter

weißer Sesam, Zwiebelsamen oder Kümmel. Schwarzer Sesam ist in asiatischen Spezialitätengeschäften erhältlich.

Geröstetes Sesamöl
Das Öl von geröstetem Sesam ist von sehr dunkler Farbe und äußerst geschmacksintensiv. Es wird vor allem in asiatischen Ländern wie ein Gewürzöl verwendet. Bei uns ist es in asiatischen Spezialitätengeschäften und teilweise in Bio- und Naturkostläden erhältlich.

Pfeilwurzelmehl
Bindemittel, das aus den Knollen der westindischen Pflanze «Maranta arundinacea L.» gewonnen wird. Man nennt es auch «Marantamehl» oder «Arrow root». Von der Feinheit und der Bindefähigkeit kommt Pfeilwurzelmehl der herkömmlichen Maisstärke gleich, es ist jedoch vitalstoffreicher. Sehr fein gemahlenes Reismehl oder Kartoffelstärke sind geeignete Ersatzprodukte. Pfeilwurzelmehl erhält man in Bio- und Naturkostläden sowie Reformhäusern.

Agar-Agar
Pflanzliches Bindemittel, das aus Meeresalgen gewonnen wird. Es eignet sich vor allem für geleeartige Speisen mit einem geringen Fettanteil. Agar-Agar ist heute fast in allen Lebensmittelgeschäften erhältlich.

Schwarze Nudeln (Sepia-Nudeln)
Sepia ist die schwarze Flüssigkeit, die Tintenfische ausscheiden, wenn sie angegriffen werden. Diese Flüssigkeit wird zum Färben von Nahrungsmitteln, als Malfarbe und als homöopatisches Heilmittel verwendet. Schwarze Sepianudeln sind in italienischen Spezialitätengeschäften erhältlich.

Phosphatfreies Backpulver
Anstelle von Phosphat enthält dieses Backpulver natürliche Weinsteinsäure und Natriumbicarbonat als Triebmittel. Dieses Backpulver ist in Bio- und Naturkostläden sowie Reformhäusern erhältlich.

Marinierter Tofu
Tofu ist ursprünglich ein Produkt aus Japan und China. Traditionell wird Tofu aus der ganzen Sojabohne gewonnen und ähnlich wie Käse hergestellt. Im Geschmack ist er neutral und muss für unseren Gaumen kräftig gewürzt und mariniert werden. Diese Marinade besteht meist zu großen Teilen aus Sojasauce. Marinierter Tofu ist in Bio- und Naturkostläden sowie Reformhäusern erhältlich.

Kombualge
Meeresgemüse, welches in den Tiefen um die japanische Hokkaido Insel geerntet wird. Die Alge ist sehr kräftig und kann bis 10 Meter lang werden. Sie ist mineralstoffhaltig und beinhaltet natürliches Glutamat (Geschmacksverstärker). Werden die Algen mit Bohnen gekocht, sind sie leichter verdaulich. Das Aroma einer Brühe (Suppe) kann durch Zugabe von Algen verstärkt werden; die Algen stärken aber auch unseren Körper. An ihrer Stelle können verdauungsfördernde und kräftigende Gewürze wie Lorbeer, Anis, Kümmel, Fenchel oder Koriander verwendet werden. Getrocknete Kombualgen sind in asiatischen Spezialitätengeschäften sowie in Bio- und Naturkostläden erhältlich.

PRO SPECIE RARA

«Pro Specie rara» ist eine Stiftung, die sich für die Erhaltung gefährdeter Kulturpflanzen und Nutztierrassen einsetzt. Sie wurde 1982 von Hans-Peter Grünenfelder gegründet. Ihm fiel zuerst das schnelle Verschwinden von Haustierrassen in der Schweiz auf, wogegen er etwas unternehmen wollte. Etwas später kamen Erhaltungsprojekte für Kulturpflanzen dazu.

Die Pflanzenprojekte werden von Kölliken (Schweiz, Kanton Aargau) aus koordiniert, mit Schwerpunkt in den Bereichen Obst-, Garten- und Ackerpflanzen. Die Hauptarbeit der Zentrale liegt in der Verteilung und Vermittlung von Pflanzgut an Interessierte, die das Saatgut betreuen und vermehren. Finanziert wird die Stiftung zum größten Teil aus privaten Spenden.

Das Interesse für die Stiftung nimmt ständig zu. Die Leute reagieren an Ausstellungen sehr positiv auf die Formen- und Farbenvielfalt. Dies ist wahrscheinlich auf die zunehmende Monotonisierung und Vereinheitlichung der Gemüse und Früchte in den Einkaufsregalen zurückzuführen.

Wie funktioniert die Sortenzentrale?
Hobby-GärtnerInnen, Gemeinden, Schulen oder Bauern, die Pflanzgut bestellen, verpflichten sich zu gewissenhafter Betreuung. Das kostenlos bezogene Saatgut muss nach der ersten Ernte in der selben Menge mit einer Meldekarte, auf der die gemachten Erfahrungen eingetragen werden, an die Sortenzentrale oder private SortenbetreuerInnen retourniert werden. Auf diese Weise wird das Saatgut ständig erneuert. Die Projekte sind so ausgerichtet, dass von jeder Pflanze bekannt ist, wer diese im Moment betreut und wie stark sie gefährdet ist.

Adressen:

PRO SPECIE RARA Sortenzentrale
Postfach 95
CH-5742 Kölliken
Telefon und Fax (Dienstag und Mittwoch, jeweils am Vormittag)
062/723 73 01

Institut für Pflanzengenetik & Kulturpflanzenforschung
Correnstraße 3
D-06466 Gatersleben
Telefon: 039482/50

Für das Saatgut werden möglicherweise Gebühren erhoben.

VEN Verein zur Erhaltung der Nutzpflanzenvielfalt
Ursula Rheinhard
Sandbachstraße 5
D-38162 Schandelah
Telefon: 05306/14 02

Die Mitglieder dieses Vereins treiben einen regen Saatgut-Tauschhandel. Für einen Unkostenbeitrag von DM 5,– kann Saatgut bezogen werden.

Literaturverzeichnis

Becker-Dillinger, J.: *Handbuch des gesamten Gemüsebaus,* Verlag Paul Parey, Berlin und Hamburg, 1950.

Bühler, Margrit; Spreng, Anna; Siegrist-Hünerfauth, Ursula: *Einmachen.* Midena Verlag, 1993.

Dassler, Ernst; Heitmann, Gisela: *Obst und Gemüse – Eine Warenkunde.* Verlag Paul Parey, Berlin und Hamburg. 1991.

Dengler, Hanna; Rohlfs-von-Wittich, Anna: *Gemüse, Kräuter, Obst.* Verlag Freies Geistesleben, 1982.

Fischer, Eugen: *Unsere Heilpflanzen.* Albert Müller Verlag, 1941.

Gessner, Otto: *Gift- und Arzneipflanzen von Mitteleuropa.* Carl Winter Universitätsverlag, 1974.

Hegi, Gustav: *Illustrierte Flora von Mitteleuropa,* Bände 1 bis 7. J.-F. Lehmanns-Verlag, München, 1906–1931.

Keller, F; Lüthi, J; Röthlisberger, K.: *100 Gemüse.* Landwirtschaftliche Lehrmittelzentrale Zollikofen, 1986.

Krebs, Susanna; Loretan, Hildegard: *Die Jahreszeiten-Küche Gemüse.* Unionsverlag, 1987.

Liebster, Günther: *Warenkunde Obst und Gemüse,* Morion Verlagsproduktion GmbH, Düsseldorf, 1990.

Mansfeld, Rudolf: *Verzeichnis landwirtschaftlicher und gärtnerischer Kulturpflanzen,* Bände 1 bis 4, Springer Verlag, Berlin, 1986.

Scholz, Heinz: *diverse Beiträge aus der Zeitschrift «Natürlich»,* AZ Fachverlage, Aarau, 1990 bis 1996.

Studer, Arnold: *Vorratshaltung von Obst und Gemüse,* Verlag Eugen Ulmer, Stuttgart, 1983.

Teubner, Christian: *Das große Buch der Gemüse aus aller Welt.* Edition Teubner, 1991.

Vogel, Georg: *Handbuch des speziellen Gemüsebaus,* Verlag Eugen Ulmer, Stuttgart 1996.

Das **Geschirr** wurde uns teilweise zur Verfügung gestellt von:

Mariann Bürgi
Töpferei-Atelier
CH-3298 Oberwil bei Büren

Linck Keramik
Reichenbach
CH-3052 Zollikofen

Theodor Meyer & Pierre Schaerer
Marktgasse 32
CH-3000 Bern 7

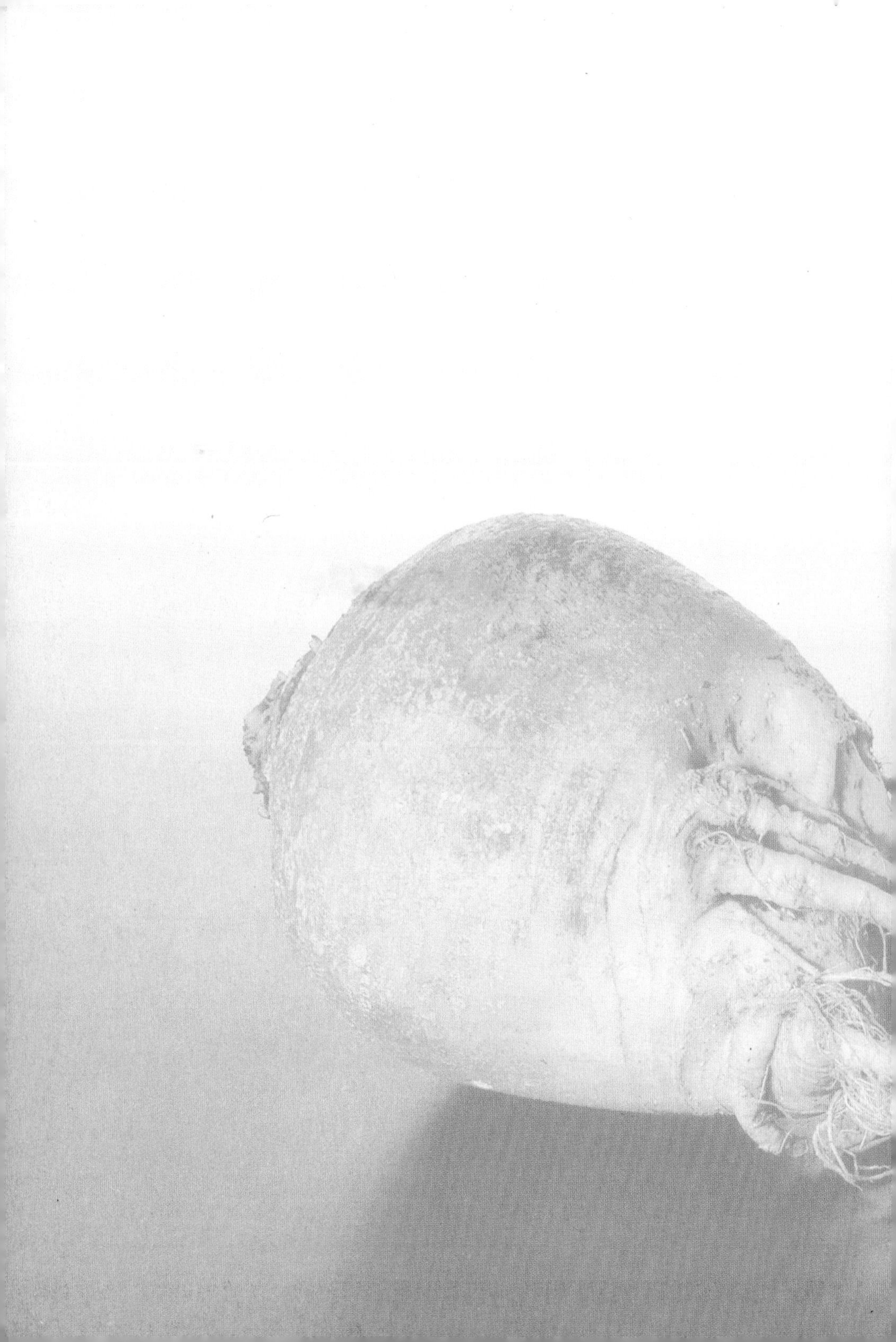